Hilde und Willi Senft
DIE ALPIN-TIBETANER

Hilde und Willi Senft

DIE ALPIN-TIBETANER

Kulturparallelen
zwischen Alpen und Himalaya

Leykam

Umschlagfoto: Tibeterin beim Butterrühren
Umschlaggestaltung: TR-Grafik, Graz

© by Leykam Buchverlagsgesellschaft m.b.H., Graz 1996
Druck: LeykamTiskarna d.o.o.
ISBN 3-7011-7345-1

Erlebnisse und verblüffende Kulturparallelen zwischen „Dachstein" und dem „Dach der Welt"

Bei unseren Reisen nach Tibet, Bhutan, Nepal, Sikkim, Ladakh, Hunza, Hindukusch und in den Indischen Himalaya sind wir immer wieder auf verblüffende Ähnlichkeiten in Brauchtum, religiösen Äußerungen, Arbeitsmethoden, Bauformen usw. zwischen unserem Alpenraum und den Tälern „Hochasiens" gestoßen.

So haben wir bei einem festlich geschmückten tibetischen Yak einen Spiegel zwischen den Hörnern entdeckt, gleich wie dies bei der Leitkuh beim „aufgekränzten" Almabtrieb bei uns der Fall ist, um nach alter Volksmeinung die bösen Geister abzuhalten.

Überrascht waren wir im Hindukusch, in einem orientalischen Bazar beim muslimischen Frühlingsfest zu sehen, wie sich die Menschen rot gefärbte Eier – „Ostereier" hätten wir bald geschrieben – geschenkt haben.

Schmunzeln muß jeder Reisende, der im tibetischen Bhutan die Männer lange Unterhosen in Kniestrümpfe hineinstecken sieht, so wie es vor kurzem bei steirischen Holzfällern noch der Brauch war...

Wissenschaftlich deuten können wir diese Parallelen nicht, denn manches hat sicher die Natur durch gleichgelagerte Umstände die Menschen gleichzeitig gelehrt, manches ist durch die „Kulturbrücken" der drei Seidenstraßen zwischen Asien und Europa hin- und hergetragen worden.
Wir glauben aber, daß es sich lohnt, diese Erfahrungen festzuhalten und damit auch andere Reisende zu ähnlichen Beobachtungen anzuregen.

Zu Dank verpflichtet sind wir unserem Freund, dem Volkskundler Dr. BERND MADER, der wertvolle Anregungen gegeben und sich mit wissenschaftlicher Akribie mancher Details der alpenländischen Kulturparallelen angenommen hat.

Inhaltsverzeichnis

Schrattlgatter und Geisterfallen 10
Spiegel am Kopfschmuck tibetischer Yaks 14
Tibetische „Schiachperchten" 17
Schön-„Perchten" und tibetischer „Perag" 21
Farbige Sandmandalas und Blütenteppiche zu Fronleichnam 24
Weihbutterfiguren in den Alpenländern; Butterfiguren in Tibet 28
Rot gefärbte Ostereier – auch im Himalaya 32
Das Schaukeln ist ein alter Kultbrauch 35
Laubkränze als Männer-Kopfschmuck 36
Die „Manimauer" vom Wolfgangsee 39
Schliefsteine in Tibet und in den Alpenländern 43
Gipfelsteinmänner – Lhartses – Opfersteine 47
Schalensteine – von der Steiermark bis in den Himalaya 50
Das Raiffeisen-Giebelkreuz und Pferdeköpfe im Himalaya 53
Lamaistische Thankas und christliche Fastentücher 56
„Barockengel" und „Barockhölle" auch in Tibet 60
Heiligenschein bei tibetischen Göttern 64
Fische als Glücks- und Fruchtbarkeitssymbol 66
Steinerne Löwen vor tibetischen Tempeln und christlichen
Kirchen 68
Auch bei den Tibetern hat die Kirchenglocke ihren Platz 71
Kniend und liegend wallfahren 73
Brennende Kerzen am Altar 76
Menschliche Schädelschalen als Trink- und Ritualgefäße 78
Alpenländischer Rosenkranz und tibetische Gebetsschnur 81
Swastika-Hakenkreuz: uraltes Glückssymbol 84
Größing – der grüne Lebensbaum in Tibet und in der Steiermark . 87
Ziegenbock und Widder: die heiligen Opfertiere 91
Der Steinbock war allen Bergbewohnern heilig 98
Räuchern mit Wacholder 101
Amulette, Talismane und Verwünschungen; Schutz
gegen Böses 105

Der Zirkelschlag auf Trambäumen im Himalaya und in den Alpen 108
Tibetischer und steirischer Schmuckbaum 110
Butterrühren auf alpenländisch und tibetisch 114
Tibetischer Kho und steirische Lederhose mit langen Unterhosen 118
„Gamsbärte" im Himalaya 121
Gleiche Badesitten in Bhutan und in Karlbad 123
Holzschindelgedeckte und steinbeschwerte Dächer 126
Das Alphorn und das tibetische Radong 132
Das Hackbrett im tibetischen Bhutan 135
Müsli in der Schweiz, in Tibet und Hunza 137
Die Ursache aller Krankheiten liegt bei den „Säften" 139
Der steirische Kropf auch in Tibet 141
Literaturverzeichnis 143

Fastentuch im Dom von Gurk, in der gleichen Technik wie eine tibetische Thanka hergestellt

Schrattlgatter und Geisterfallen

„Schrattln" sind die bösen Hausgeister in den Alpenländern. Man kann sie nur dadurch am Betreten von Haus und Stall hindern, wenn man an die Haus- oder Stalltür ein „Schrattlgatter" nagelt…

Dazu muß man geweihtes Holz nehmen, dieses in Späne klieben und diese ineinander flechten. Auch aus Zweigen des geweihten Palmbuschens kann man sie anfertigen. – Ein schönes Exemplar davon ist in der volkskundlichen Sammlung des Stiftes St. Lambrecht in der Obersteiermark zu bewundern.

Schrattlgatter (Steiermark)

Zum Verwechseln ähnlich ist der „Magische Knoten", den viele Tibeter – vornehmlich Mönche – als Kleiderspange tragen. Meist wird er in Tibet aus Blechstreifen gefertigt.

Unsere Altvorderen glaubten auch, daß Umwinden eines Gegenstandes mit einem Faden vor Behexung und Schaden schützen könne…

„Hier werden die bösen Geister eingefangen und vom Dorf ferngehalten", erklärte unser Sirdar, der Sherpaführer, bei einer unserer ersten Trekkingtouren in Nepal. – Wir waren erstaunt vor einem Holzrahmen mit kreuz und quer darübergespannten bunten Fäden stehengeblieben. Wie eine große Garnhaspel sah das Gebilde aus. Es stand auf einer „Manimauer", das sind mit „heiligen" Schriftzeichen versehene Steine, die zu einer Mauer aufgeschlichtet werden. „Nach einiger Zeit wird die Falle dann von den Dorfbewohnern in einer eigenen Zeremonie verbrannt. Alle Geister, die sich darin verfangen haben, werden dabei vernichtet."

Bei unserer Fahrt über das tibetische Hochplateau zum „Heiligsten Berg der Welt" haben wir ebenfalls immer wieder solche Geisterfallen gesehen.

Verblüfft waren wir bei einer Reise im Indischen Himalaya, wo Tibeter im Exil leben. Dort gibt es auch schon Autoverkehr. – Und siehe da, die Geisterfallen finden sich hier in unübersichtlichen Kurven, wo durch die „bösen Geister" schon viele Verkehrsunfälle geschehen sind... Meist sind diese Geisterfallen aus ineinander verflochtenen Holzstäben gefertigt, die mit bunten Fäden umwickelt sind.

Magischer Knoten (Tibet)

Es war im Juli, dem „goldenen Monat am Dach der Welt", wo es endlich den sehnlich erwarteten Regen gibt. – Wir waren gerade auf „sightseeing" am Stadtrand von Lhasa, in der Nähe eines kleineren Klosters, als drohende Gewitterwolken aufzogen und es auch bald blitzte und donnerte. Wir stellten uns in einem Torbogen unter.

Geisterfalle (Tibet)

„Gibt es hier auch Hagel?" „Natürlich", war die Antwort unseres gut englisch sprechenden Führers. „Aber schauen Sie dort hinüber zum Klosterdach! Sehen Sie diese großen Geisterfallen?" – Zwei 3 Meter hohe, rhombisch angeordnete Fadenkreuze, die eine starke Ähnlichkeit mit Funkantennen hatten, waren bisher unserer Aufmerksamkeit entgangen. – „Unsere Wettermacher verwenden sie mit großem Erfolg zum Fernhalten der bösen Hageldämonen."

Geisterfalle (Südtirol)

Zum Verwechseln ähnliche, gleich große Gebilde werden heute noch z.B. in Kortsch, im ladinischen Südtirol, oberhalb des dortigen Ägidiuskirchleins aufgestellt.

Große Geisterfallen fielen uns beiderseits des Einganges zum neuen „Orakelkloster" in Dharamsala, dem Exilort des Dalai Lama, auf.

Spiegel am Kopfschmuk tibetischer Yaks so wie bei unseren Rindern beim Almabtrieb

In den Alpenländern geht die Almabfahrt, wie der festliche Almabtrieb auch heißt, nachweislich auf sehr frühe Ursprünge zurück. Erst im Verlauf der letzten Jahrhunderte hat sich der Brauch ent-

Spiegel am Kopfschmuck bei Almabtrieb (Steiermark)

wickelt, das Vieh „aufzukränzen", das heißt mit bunten Kränzen und Flitter zu schmücken.

Besonders schön „aufgekränzt" wird die „Glockkuh", die zur Heimfahrt wieder die schwere, große Fahrglocke oder „Pumpel" trägt, während oft eine zweite Glockkuh mit der kleineren „Weideglocke" geht. Die Glockkuh ist immer eine erfahrene, ältere Kuh, die auch die Angewohnheit haben muß, den Kopf richtig zu heben und zu senken, damit die Glocke richtig klingt. Diese Leitkuh ist sich beim Almabtrieb zweifellos ihrer Würde bewußt.

Mehreren Tieren wird über die Hörner ein tütenförmiger Schmuck, die „Hörnerscheide", gezogen und vorne tragen sie, häufig mit

Spiegel am Kopfschmuck bei tibetischem Yak

einem Spiegel verziert, das „Stirnbörtl". Und der Glockenriemen ist mit dem „Halsbörtl" geschmückt. Kunstvoll zurechtgeschnittene und gefaltete Papierstreifen auf den Börtln und lange flatternde Bänder an den Hornspitzen lassen die Kühe stolz einherschreiten. Den Kälbern wird ein Kranz um den Hals gelegt, und selbst die

Ziegen werden ein bißchen geschmückt. Ein wichtiger Teil des Schmuckes besteht, wie erwähnt, aus einem Spiegelchen, das den Kühen zwischen den Hörnern angebracht wird. – Was dieser Spiegel für eine Funktion hat, ist nicht ganz geklärt, aber für ihn könnte es zutreffen, daß er ein alter Abwehrzauber gegen böse Geister ist, die „sich nicht selbst ins Gesicht schauen können"…

Wir waren bei einem unserer letzten Besuche in Lhasa, der Hauptstadt Tibets, wirklich entzückt, als wir Mitte August, am tibetischen Nationalfeiertag, Yaks sahen, die ganz wie unsere Rinder beim Almabtrieb in den heimatlichen Bergen geschmückt, also „aufgekränzt" sind. Besonders auffallend war aber der in der Mitte der Hörner angebrachte kleine Spiegel – vielleicht als Abwehrzauber gegen böse Geister…

Die Tibeter schmücken ihre Yaks überhaupt recht gerne – manchmal sogar bei der Alltagsarbeit – und knüpfen dabei rote Bänder oder Fäden an die Hornspitzen, was sehr nett aussieht. Spiegel werden aber nur bei ganz seltenen festlichen Anlässen beigegeben.

Tibetische „Schiachperchten"

Die Perchtenläufe sind bei uns in den Alpenländern ein uraltes kultisches Geschehen. Es hat den Zweck, die feindlichen Frostriesen und Winterunholden durch Lärmen und Vermummungen zu verscheuchen. Die Masken stellen zum Teil die Unholden mit ihren zornigen oder häßlichen Gesichtszügen selbst dar und werden dann „Schiachperchten" genannt.

Besonders die Masken der „Schiachperchten" mit ihren grotesk verzerrten, manchmal auch lächerlich-häßlichen Zügen erinnern sehr stark an die tibetischen Tanzmasken. Es gibt sogar Volkskundler, die behaupten, daß im vorigen Jahrhundert Zeichnungen aus dem tibetischen Bereich des damals schon zugänglichen nordindischen Himalaya bis nach Österreich gedrungen seien. Sie wären Vorbilder für heimische Maskenschnitzer geworden, so groß sei die Ähnlichkeit der Masken. – Wir halten diese Theorie, die wissenschaftlich nicht belegt ist, eher für unwahrscheinlich. Es ist eben ein merkwürdiges Phänomen, daß die Gebirgsbewohner beider Kontinente soviel ähnliches geschaffen haben.

In Tibet werden die Masken aus Ton, Leder oder Stoffpappe angefertigt. In Südtibet, wozu auch die beiden größten Städte Lhasa und Shigatse gehören, finden sich viele Holzmasken, da es in der Nähe auch waldreiche Gebiete gibt. Die Schnitzkunst unserer Älpler und der Tibeter hat hier verwechselbare Gebilde geschaffen.

Die Tanzmasken werden im allgemeinen von den Klostermönchen hergestellt und jene, welche Gottheiten und Geister darstellen, anschließend noch in einer besonderen Zeremonie geweiht. Die Tanzmasken werden gewöhnlich in den Kapellen für die Schutzgottheiten aufbewahrt. Sie weisen alle grimmige, verzerrte Züge auf, um die Feinde des Glaubens zu erschrecken.

Ein großartiges Erlebnis sind die „Cham-Tänze", die meist mehrtägigen Masken-Tanzfeste der Tibeter. Sie werden häufig zum buddhistischen Neujahrsfest im März oder zu Ehren bestimmter Heiliger abgehalten.

Schiachpercht (Osttirol)

Wir haben eines der berühmtesten tibetischen Masken-Tanzfeste in Bhutan erlebt:

Da treten Masken mit dem Ausdruck der zornigen Schutzgottheit auf, die immer von einer Totenkopfkrone überragt sind. Aus ihrem Maul ragen die gefletschten Zähne. Meist werden die Tänze durch die gewaltigen Kesselpauken, durch Zimbeln und die langen, ausziehbaren Sangdungs, die hier in Paro sogar aus Silber gearbeitet sind, begleitet, und fast bei jedem Tanz wird zum Schluß der Wirbel der Pauken und Trommeln immer wilder, um auch mit ihrem Klang alles Schlechte zu vertreiben.

Tibetische Maske

Die Urwurzeln aller bösen Triebe werden dargestellt, die allerschlimmsten geistigen Gifte, die der Lamaismus kennt, nämlich die Unwissenheit, die Gier und schließlich auch der Neid und der Haß.

Die meisten Tanzszenen stellen ein gewaltiges Urtheater dar, das zum Sieg des Guten aufruft.

Bei manchen Tänzen springt der Vortänzer schon im Donnerkeil-Schritt aus dem Tempeltor durch den Vorhang heraus in den Hof, sein Tanzrock bauscht sich, und in pirouettenförmigen Sprüngen dreht er sich, und die nachfolgenden Tänzer, die langsam aus dem Tor herauskommen, lassen ebenfalls ihre Röcke kreisen, um damit zu zeigen, daß der Tanz mit seinen Kräften, die das Böse bannen, sich in alle Himmelsrichtungen entfalten wird.

Andere Masken wieder stellen Totenköpfe dar und erinnern an das Vergängliche, an das immer wieder sich Ändernde. Aber auch ihr böses Grinsen hat nur den einen Zweck, die Menschen daran zu erinnern, das Böse sein und das Gute siegen zu lassen, um im Leben möglichst viele gute Taten anzuhäufen, damit schließlich der Teufelskreis der Wiedergeburt durchbrochen werden kann und der Weg ins ewige Nirwana frei wird.

Nicht fehlen dürfen die Tänzer mit den Hirschmasken, welche zusammen mit anderen Dämonenmasken sozusagen als die Bilder der vorbuddhistischen Zeit erweckt und durch den Lamaismus bekehrt werden.

Auch erscheinen Tänzer in mittelalterlichen, kriegerischen Kostümen mit dem Buckelschild aus Rhinozeroshaut und mit kurzem Schwert, mit dem die Wolken der Unwissenheit zerteilt und ebenfalls dem Guten zum Sieg verholfen wird.

Jede Bewegung, jeder Schritt hat symbolische Bedeutung, und so ist es eigentlich ein – in unserem Sinne – echt mittelalterliches Theater, das wir hier in Bhutan erleben können.

Schön-„Perchten" und tibetischer „Perag"

„Perach" heißt in den alten indogermanischen Dialekten „glänzend, schön". Unser Ausdruck „Percht" für die fratzenähnlichen Masken

Tibetischer „Perag"

bei Faschingsumzügen leitet sich davon ab. Das ist eigentlich im ersten Augenblick verwunderlich, weil eine „Percht" in unseren Augen etwas Häßliches und nichts Schönes, Glänzendes ist. Wenn man den Begriff aber mehr auf „glänzend" hin anwendet und beachtet, dann versteht man die Zusammenhänge schon besser.

Klassische Schönperchten treten beim Imster Schemenlauf auf. Die „Roller" und „Scheller" tragen hier eine Kopfbedeckung in Form eines monstranzartigen Aufputzes mit Kunstblumen, Gold- und

Silberfäden, mit einem Spiegel u.a.m. Aber nicht nur „Perach" heißt „schön, glänzend", sondern auch „Scheme" bedeutet soviel wie „Schein, Glanz", so daß sich beide Begriffe hier doppelt treffen.

Ähnlich den Imster „Schemen" ist der Kopfschmuck der Frauen im westtibetischen Ladakh. Er heißt dort „Perag", was sich vom alten indogermanischen „Perach" ableitet.

Ein Perag ist ein über und über mit Türkisen besetztes Stück Lammfell, auf dem auch amulettähnliche Schmuckkästchen aus Edelmetall und Spiegelchen – nicht unähnlich den Tiroler Schönperchten – aufgenäht sind.

Einen dem Perag sehr ähnlichen Kopfschmuck tragen die Frauen der Kalash-Kafiren im Hindukusch, westlich von Ladakh. Anstatt der Türkise ist er jedoch mit Kauri-Muscheln besetzt, die vom Indischen Ozean bis in diese Berggegend herauf gehandelt werden.

„Schönperchten" (Imst)

Farbige Sandmandalas in Tibet und Blütenteppiche zu Fronleichnam
– die Arbeit vieler Stunden wird nach der Zeremonie ausgelöscht

Beim Betrachten der Pulver- und Sandbilder in tibetischen Klöstern denkt man unwillkürlich an die Blütenteppiche, die zu Fronleichnam im weststeirischen Koralpengebiet in mehreren Orten angelegt

Blütenbild zu Fronleichnam (Steiermark)

Pulvermandala (Tibet)

werden. – Nur für diesen einen Tag werden dort, wo die Fronleichnamsprozession durchzieht, prachtvolle Muster am Boden ausgelegt. Hauptsächlich sind es christliche Motive, die hier dargestellt werden: ein Kreuz im Strahlenkranz, die Taube des heiligen Geistes, Fisch, Kelch oder das Christussymbol.

In Deutschlandsberg sind die „Blütenbilder" besonders berühmt. Vor jedem Haus am Hauptplatz, wo die Prozession vorbeikommt, werden von den Bewohnern eigene Bildnisse ausgelegt. Besonders prächtig sind die „Teppiche" vor den Hauptaltären gestaltet. Sie können bis zu 25 Quadratmeter groß sein. – Aber auch in Schwanberg, Eibiswald und Wies (dort mit verschiedenfarbigen Sägespänen) werden solche Kunstwerke angefertigt. So wird dem religiösen Empfinden der Menschen sichtbarer Ausdruck verliehen.

Schon Tage vor Fronleichnam sammeln ungezählte Helfer Blüten aus den Gärten sowie von Wiesenblumen, aber auch Zweiglein von Lärchen und Fichten. Sie werden in kühlen Räumen aufbewahrt und in der Nacht vor Fronleichnam werden dann die Figuren ausgelegt, die oft wahre Kunstwerke sind. – Schlimm ist es, wenn ein stärkerer Wind aufkommt und auch das ganze Anfeuchten der Blütenblätter nichts hilft. Da kann es vorkommen, daß im Morgengrauen die ganze Arbeit nochmals getan werden muß.

Nach einem einzigen Tag, wenn die Fronleichnamsprozession vorübergezogen ist, werden die Blütenbilder wieder gelöscht und entfernt…

Vier tibetische Mönche mit Atemmasken beugen sich über einen niedrigen Tisch und sind in eine eigentümliche Arbeit vertieft. – Geschieht hier gar eine geheimnisvolle, rituelle Operation?

Vorsichtig treten wir im Haupttempel von Dharamsala, dem Exilort des Dalai Lama in Indien, näher an die Gruppe der voll konzentriert Arbeitenden heran: Die Mönche halten vorne spitz zulaufende Röhrchen in den Händen und klopfen daraus mit Sand vermischte Pulverfarben. Sie streuen sie in komplizierten Linien nach einer Vorlage auf. Das prächtige Bild eines Mandala ist schon zur Hälfte zu erkennen. Die Atemmasken sind notwendig, um nicht durch unbewußtes Husten die farbigen Linien wegzublasen.

Oft werden solche Bilder auch in den Sand der Klosterhöfe gescharrt und die Linien mit Farbe ausgefüllt.

So ein Mandala ist ein Meditationsbild, das in das Zentrum des Universums, aber auch in das Zentrum des eigenen Ichs führen soll. – Nur zu besonderen Anlässen wird von den tibetischen Mönchen ein Farbmandala hergestellt. Es wird sodann feierlich umtanzt und nach Beendigung des Rituals sofort verwischt und ausgelöscht.

Am Tag nach der Fertigstellung wurden wir Zeugen eines uralten tantrischen Tanzrituals rund um das Pulvermandala: An die zwanzig Mönche haben schwere Brokatgewänder angelegt sowie die fünfteilige „Buddhakrone" und eine Maske aufgesetzt. Über dem Gewand tragen sie Knochenschürzen und an den Füßen weiße Filzstiefel. Der Zeremonienmeister hat zusätzlich noch eine weiße Seidenschürze vorgebunden. Die Tänze werden im klassischen Donnerkeilschritt, mit den abgezirkelten, vorgegebenen Bewegungen ausgeführt. Die Mönche begleiten ihren Tanz selbst durch einen tiefen, einförmigen Gesang. Mit langsam vorgetragenen Worten werden dabei Stellen aus dem Kandschur, der tibetischen Bibel, rezitiert.

Immer wieder gruppieren sich die Lamas um das Bild, und so geht es stundenlang weiter. – Auch als westlicher Zuseher – man muß nur genug Zeit haben – gerät man voll in den Bann dieses Geschehens. Man erspürt plötzlich andere Bewußtseinsformen und gerät in einen Zustand echter Meditation. – Plötzlich hört der tiefe Gesang abrupt auf und viele Hände verwischen das kunstvolle Mandala… Fast betäubt verläßt man langsam den Ort des Geschehens.

Weihbutterfiguren in den Alpenländern
Butterfiguren in Tibet

Osterlämmer aus Butter wurden früher im Ennstal sehr häufig geformt und am Karsamstag zur Weihe in die Kirche getragen. Manchmal wurde aber sogar der Heiland, auf einem kleinen Butterblock stehend, modelliert. Köstlich war der in manchen Teilen des steirischen Oberlandes hiefür gebrauchte Ausdruck für den Auferstandenen als „Moasnwater". Das ist der über die Butter watende Christus. (Der Ausdruck „Moasn" für Butter kommt aus dem slawischen Wort „Misla" für Butter).

Besonders schöne Weihbutterstöcke werden heute noch im Lungau angefertigt und dürfen dort nach wie vor am Oster-Festtisch nicht fehlen.

Peter Rosegger berichtete von einem Brauch aus der Waldheimat, wo Butter als eine Art „Bauopfer" verwendet wurde. So war es dort üblich, daß einem Bauern, der einen Bau aufführte, von den Nachbarn Butter geschickt wurde. Einige im Buttermodel schön verzierte Blöcke wurden von Kindern oder Mägden zum Bauherrn gebracht. Näherten sie sich der Baustelle, so wurden sie meist mit einer Ziehharmonika feierlich eingeholt, wobei auch oft zum Spaß eine improvisierte Fahne vorausgetragen wurde.

Weihbutterfigur (Lungau)

Die tibetischen Dörfer und Klöster liegen alle in Höhen zwischen 3.700 und 4.700 Metern. Das bedeutet mit Ausnahme der Sommermonate durchgehend kalte Temperaturen, was der eine Grund dafür ist, daß Butter für künstlerische Zwecke Verwendung findet. Der wichtigere liegt aber darin begründet, daß bei der Rinderhaltung verhältnismäßig viel Butter anfällt. Die Yak-Kuh liefert eine fast doppelt so fettreiche Milch wie die europäischen Rinderrassen und so fallen beträchtliche Buttermengen an.

Man ist natürlich auch verwundert, daß bei den kargen Lebensbedingungen und der knapp ausreichenden Versorgung mit Lebensmitteln ein so wertvolles Nahrungsmittel für bildnerische Darstellungen verwendet wird. Die Butterfiguren werden aber nach den Festtagen in der Regel eingeschmolzen. Das Butterfett wird traditionell für Öllämpchen verwendet und so findet keine gröbere Verschwendung statt.

Zu bestimmten Festtagen werden während der kalten Jahreszeit im gesamten tibetischen Kulturbereich die großen „Butterfeste" abgehalten. Aus Butter können dazu große Figuren modelliert werden; aber auch kleine, ornamentale Butterfiguren sieht man als Opfergaben auf den Altären.

Das Formen der Figuren ist eine unangenehme Arbeit. Es geschieht in einem kalten Raum, und der Künstler muß jedesmal seine Fingerspitzen in eiskaltes Wasser tauchen, ehe er ein Stück Butter in die Hand nimmt, um es zu formen. Die Künstler sind ausschließlich Mönche, die oft schon von Kind auf im Modellieren von Butterfiguren geschult worden sind. Die besten Modellierer stehen in hohem Ansehen und werden von den Klöstern sogar gegenseitig abgeworben.

Die Bildnisse selbst werden nicht direkt mit Farbe überzogen, sondern die Butter wird vor der Arbeit mit Farbpulver vermischt. Die Farbabstufungen sind meist sehr differenziert und harmonisch, und man unterscheidet bis zu zwanzig verschiedene Schattierungen. Zum Stützen der Figuren dienen Holzrahmen, die dann vor den wichtigsten Altären in den einzelnen Tempelgebäuden aufgestellt werden.

Altarbutterfigur (Tibet)

Wir konnten das große Butterfest im Kloster Kumbum in der ehemals tibetischen Provinz Amdo, die heute ein Teil der chinesischen Provinz Qinghai ist, miterleben:

Mehr als einen Monat hatten schon mehrere Mönche an den Butter-Bildnissen gearbeitet. Man erzählte uns, daß zu diesem Zweck bei den Nomaden und Bauern der Umgebung an die 700 Kilogramm Butter gesammelt worden waren.

Die Butterfiguren wurden dann am Abend des 15. Tages des ersten Mondmonats zur Schau gestellt. Tausende Butterlämpchen wurden dabei gleichzeitig entzündet, so daß die Figuren in mystischem Glanz aufleuchteten und im Halbschatten einen noch größeren Reiz als bei Tageslicht ausströmten.

Alle Lamas des Klosters hatten sich am nächsten Vormittag versammelt und begannen nun zusammen in tiefer, sonorer Baßlage zu singen. Vom flachen Dach des Haupttempels erklangen die mächtigen alphornähnlichen Sangdungs, die Teleskophörner. Am Nachmittag begannen dann „Cham-Tänze" in den herrlichen alten Brokatgewändern und Masken.

Aber schon am übernächsten Tag wurden wir Zeuge, wie die Figuren entfernt und anschließend eingeschmolzen wurden. Die Sonneneinstrahlung war im langsam herannahenden Frühjahr nun doch schon zu stark, und die Figuren verloren ihre scharfen Formen…

Rot gefärbte Ostereier – auch im Himalaya

Erst ab dem 17. Jahrhundert wurde es in Mitteleuropa langsam üblich, sich zu Frühjahrsbeginn, bzw. zu Ostern mit Eiern zu beschenken. In manchen Berggemeinden Österreichs ist diese Sitte erst einige Jahrzehnte alt. Da es in Ägypten schon nach dem ersten Jahrtausend üblich gewesen sein soll, einander mit gefärbten Eiern zu beschenken, halten manche Forscher es für möglich, daß Kreuzfahrer die Sitte nach Europa gebracht haben. – Im frühen Mittelalter war allerdings von Schenken keine Rede, da waren es Zinseier, die von den Untertanen als Naturalleistung an die Grundherrschaft abgegeben werden mußten.

Das Ei war schon im Altertum ein Fruchtbarkeitssymbol. Als solches findet es sich im Volksbrauch durch die Jahrhunderte immer wieder. Manche Völker dachten sich die Welt aus einem Ei entstanden. Wie der Hase zu den Eiern gekommen ist, muß heute noch als wissenschaftliches Rätsel bezeichnet werden. Hase und Ei waren aber im Volksglauben immer ein Sinnbild für Wachstum und Fruchtbarkeit.

Was das Färben der Eier angeht, so scheint man die Eier schon in sehr frühen Zeiten rot gefärbt zu haben, und erst in diesem Jahrhundert hat man die Eier auch anders gefärbt und verziert. – Unsere Kindheitserinnerungen mit dem Suchen der bunt gefärbten Ostereier möchten wir wohl alle nicht missen.

Wir waren wirklich höchst fasziniert und erstaunt, vor einigen Jahren, als wir gerade zu Frühjahrsbeginn im Hindukusch, dem südwestlichen Ausläufer des Himalaya, waren, im Bazar der Stadt Peshawar rot gefärbte Eier zum Verkauf angeboten zu sehen.

Man kann sich kaum vorstellen, was das heißt, in dieser total „uneuropäischen" Umgebung, in einer der orientalistischen Städte des indischen Subkontinents überhaupt, die Händler mit Körbchen voll „Ostereier" zu sehen! – Am besten gleich ein Situationsbericht, wie es im Bazar von Peshawar zugeht: Da hämmern die Kupferschmiede und türmen straßenseits große Gebilde geschlichteter Kessel und Töpfe auf. Dort sitzt ein Schneidermeister mit Lehrling und Gesellen mit handgetriebenen Nähmaschinen neben dem anderen – zwar gleich auf dem Boden, ohne ein festes Dach über dem Kopf, denn Regen gibt es hier wenig. Dann folgt die „Gasse der Wohlgerüche" mit den Gewürzhändlern, einer neben dem anderen; die eigentümlichsten Farben kann man an ihren in flachen Körben ausgestellten Produkten sehen – meist auch ein unwiderstehlicher Anreiz für die Fotografen. Dazwischen schieben sich die Reihen der Kauflustigen, vermengt mit laut „freie Bahn!" schreienden Transportunternehmern, die ihre von einem Esel gezogenen Karren durch das enge Winkelwerk bugsieren.

Ostereier (Steiermark)

Die rot gefärbten Eier schenkt man sich nur während des „Frühlings-Festes (Nauroz-Festes)", das vom 21. bis 23. März dauert. In dieser Zeit grüßt jedermann mit „Nauroz-Salam", was wir hier der

Kuriosität halber mit „Frohe Ostern" übersetzen möchten. Die Buben kann man übrigens – so wie bei uns am Ostermontag – „Eierpecken" sehen!

Frühlingsfest im Hindukusch

Bemerkenswert ist auch, daß zu Frühlingsbeginn in den meisten Orten des Westhimalaya Freudenfeuer, so wie bei uns zu Ostern, entzündet werden. Auch brennende Reifen werden die Hänge hinuntergelassen.

Das Schaukeln ist ein alter Kultbrauch

Man möchte es wohl kaum glauben, daß das Schaukeln, das man als Kind stundenlang ausüben kann, weil sich damit ein angenehmes Gefühl des Schwebens verbindet, vor allem in Hochasien ein alter Kultbrauch ist. Vor allem heranwachsende Mädchen und junge Frauen praktizieren das Schaukeln aus Fruchtbarkeitsgründen. Der einfache Beweis dafür ist darin zu suchen, daß beileibe nicht das ganze Jahr über geschaukelt wird, sondern nur während bestimmter Festtage – vor allem aber im Frühjahr, der Zeit des erwachenden Lebens, und mancherorts zu Erntedank.

Wir haben solche rituelle Schaukeln in Hunza, Südtibet und Nordnepal gesehen, dazu auch noch sogenannte „Pariser- oder Riesenräder", die an bestimmten Plätzen aufgestellt werden. Wir kennen diese von unseren Jahrmärkten. In Hochasien sind es einfache Holzkonstruktionen aus zwei haspelähnlichen Rahmen mit drei bis fünf Meter Durchmesser und dazwischen angebrachten Sitzstangen.

Die Schaukelbretter selbst werden so wie bei uns häufig mit möglichst langen Seilen an einem hohen Baumast angebracht.

Bei der tibetischen Bevölkerung schaukeln die Mädchen auch öffentlich vor den Häusern und auf dem Dorfplatz, bei den ismailitischen Hunzaleuten ist das nicht schicklich, da wird nur in Hausgärten geschaukelt. – Die Mädchen sind sich kaum bewußt, daß es sich um einen Fruchtbarkeitskult handelt, sondern genießen – wie unsere europäischen Kinder – einfach das angenehme Gefühl des Schwingens und Hin- und Herwiegens; allerdings – im Gegensatz zur westlichen Welt – nur an wenigen Tagen im Jahr.

Laubkränze als Männer-Kopfschmuck in Bhutan und im Bezirk Murau in der Steiermark

Aus dem klassischen Altertum Europas und des vorderen Orients ist der Kranz als Kopfschmuck und Siegestrophäe für Männer durchaus bekannt. Das weibliche Geschlecht hat sich dieses schmückenden Attributs wohl aus Gründen der Zier und Schönheit immer schon bedient.

Bis in unsere Zeit herauf kann man „bekränzte" Männer oder Knaben nur noch in entlegenen Alpengegenden bei einigen wenigen festlichen Anlässen sehen: So gehen zum Beispiel bei der Fronleichnamsprozession in Steirisch Laßnitz bei Murau mit Laub- und Blumengebinden bekränzte Knaben mit.

Im tibetischen Kulturkreis fallen besonders in Bhutan bei den großen Mönchstanzfesten in Paro und Thimpu neben den Maskentänzern, die ausschließlich aus dem Kreis der Lama-Mönche kommen, Laientänzer auf. Sie tragen keine Masken, sondern sind mit Laubgirlanden bekränzt. Durch diesen Kopfschmuck dokumentieren sie den Festcharakter ihres Tanzauftrittes. (Es lohnt sich übrigens, allein wegen des Paro- oder Thimpufestes nach Bhutan zu reisen, ein so hautnah und ungebrochen erlebtes „Tibetisches Mittelalter" wird einem dabei vermittelt!)

Bemerkenswert ist bei diesen Tanzfesten auch das Auftreten von Clowns zwischen den ernstesten Szenen. Das Erscheinen dieser Witzbolde hat offensichtlich den erstaunlichen Hintergrund, für die gebannt zusehenden Besucher ein psychologisches Ventil zu sein. „Die Leute in ihrer Naivität würden sich sonst zu stark persönlich mit dem Geschehen identifizieren und sich in das Tanzspiel hineinsteigern".

Fronleichnamsprozession (Steirisch Laßnitz)

Paro-Tanzfest im tibetanischen Bhutan

Wie in einer Shakespeare-Tragödie lösen diese Clowns die Spannung. Sie tragen Masken mit langen Nasen und verhöhnen damit auch uns Europäer. Wir sind in den Augen der mongolischen Menschen die „Langnasen", was gleichzeitig das gutmütige Spottwort für uns westliche Leute ist.

Bei manchen Tanzszenen hat man den Eindruck, daß diese Clowns den Tänzern sogar in gewissem Sinne die Show stehlen. Aber sie wissen persönlich sehr genau die feine Grenze zwischen erlaubt und nicht erlaubt zu ziehen.

Die „Manimauer" vom Wolfgangsee

Von St. Gilgen fährt man noch einige Kilometer zur Ortschaft Winkl und sodann durch Wald an den schmalen Ufersaum des Wolfgangsees heran. Fürberg heißt dieser Bereich, und dort leitet ein markierter Wanderweg direkt hinauf zum Falkenstein. Dieser schön angelegte, aber steile Weg ist gleichzeitig ein alter Wallfahrerweg hinauf zur Kirche am Falkenstein und als „Kreuzweg" eingerichtet.

Wenn man nach guten 20 Minuten den Beginn des flachen Geländeeinschnittes erreicht, an dem sich etwas oberhalb auch das Wallfahrtskircherl an eine Felswand schmiegt, so steht dort ein Kapelle. – Und siehe da, parallel zum Weg liegt ein etwa sechs Meter langer und eineinhalb Meter hoher Haufen aus lose übereinander gelegten Steinen.

Jeder Wallfahrer trägt – und das geschieht bis auf den heutigen Tag – einen bis zu kopfgroßen Stein bzw. Felsbrocken bis herauf. Unten, am Beginn des Weges, finden sich im Wald unzählige solcher Kalkschuttbrocken, und die Wallfahrer tragen diesen echten „Bußstein" zur Verringerung der Sündenlast den schweißtreibenden Weg aufwärts. – Auch beim Kircherl selbst gibt es nochmals eine Ansammlung kleinerer Steine.

In Dietrichshag bei Altenmarkt im steirischen Ennstal steht am Rochusberg eine Kapelle dieses Pestheiligen und auch dort findet sich ein Steinwall. Ähnliches gibt es am Sigmundsberg bei Mariazell und am Weg zu einigen Südtiroler Wallfahrtsorten.

Gleichgültig ob in Tibet selbst, oder im benachbarten Nordnepal, überall finden sich am Rand der Dörfer oder beim Zugang zu den Tempeln lange geschlichtete Steinmauern. Beim näheren Hinsehen

„Manimauer" vom Wolfgangsee

entdeckt man, daß jeder Stein den heiligen „Mantraspruch" der tibetischen Buddhisten „Om mani padme hum" eingemeißelt trägt. – Daher der Name „Mani-Mauer".

„Om mani padme hum" kann mit „Buddha, Du Juwel im Lotos" übersetzt werden und ist die täglich von den Tibetern millionenfach geäußerte Lobpreisung Buddhas, der aus dem Schlamm der Unwissenheit wie eine Lotosblüte aus einem versumpften Teichboden über die Wasserfläche emporgestiegen ist und sich dort entfaltet hat. – Dieser „Mani-Spruch" wird von den Tibetern immer wieder auf-

Manimauer in West-Tibet

gesagt, wenn sie ihre Gebetszylinder drehen, er ist auf die Gebetsfahnen aufgedruckt, die der Wind „beten" läßt, er befindet sich in Zylindern, die durch Wasserkraft in Bewegung gehalten werden, und er wird in Steine gemeißelt, um unvergänglich gegenwärtig zu sein.

Diese Manimauern sind oft nur mehrere Meter lang, können aber auch Längen von bis zu 300 Metern erreichen. Eine so lange Mauer haben wir in Mustang in Nordwestnepal gesehen. – Die Steine sind meist kopfgroß, möglichst aber länglich geformt; es sind nur

41

Natursteine, gelegentlich auch gespaltene Schieferplatten. Die Gläubigen lassen die Steine gegen Bezahlung von einem Steinmetz mit dem Spruch schmücken und tragen sie dann auf einer Pilgerreise bis zum Wallfahrtsziel mit, wo sie auf schon bestehende Mauern dazugelegt werden, wodurch im Verlauf der Jahrhunderte oft beträchtliche Längen entstanden sind und noch immer entstehen. – In Lhasa, der Hauptstadt Tibets, kann man solchen Steinmetzen in der Nähe des Haupttempels bei der Arbeit zusehen.

Diese Steine werden oft lange mitgetragen, bis das Pilgerziel erreicht ist, und so wird durch das zusätzliche Gewicht auch gleichzeitig Buße getan. Dazu sei auch angemerkt, daß viele unbehauene Steine – also ohne den Mantraspruch – auf diese „heiligen Mauern" gelegt werden.

So wird man seine Sünden los: Schliefsteine in Tibet und in den Alpenländern

Oberhalb des Wolfgangsees, dort, wo der Legende nach der heilige Wolfgang seine Axt hinuntergeschleudert hatte, um eine erste Kirche im Heidenland zu bauen, steht heute das Falkensteinkircherl. Es wurde an eine glatte Felswand mit einer dahinter befindlichen Höhle direkt angebaut. – Wir wunderten uns bei einer Wanderung dort hinauf, daß das Kircherl nicht oben am höchsten Punkt des Falkensteins errichtet wurde, von wo man einen Prachtblick über den ganzen Wolfgangsee und seine umliegenden Berge genießt.

„Schliefstein" im Falkensteinkircherl am Wolfgangsee

Die Erklärung für den Standort ergibt sich aber sofort: In der erwähnten Höhle findet sich nämlich eine sogenannte Durchkriech- oder Schliefstelle. Man kriecht hier im oder gegen den Uhrzeigersinn um einen natürlichen Felspfeiler. – Hier befindet sich offensichtlich eine uralte Kultstelle, die man im Zuge der Christianisierung geschickt in den Kirchenbau einbezog.

Auch heute üben die Wallfahrer dort diesen Brauch und hoffen, schwere Sünden, aber auch Krankheiten, beim Durchzwängen durch den Spalt loszuwerden. Menschen aber, die Todsünden begangen haben, bleiben laut Überlieferung im Spalt stecken.

Interessant ist, daß 15 Gehminuten vom Falkensteinkircherl entfernt, ein kapellenähnliches Häuschen mit den sogenannten „Wunschsteinen" steht: Auf einem vom vielen Drehen schon glattgeschliffenen Felsbrocken liegt ein etwas kleinerer, aber immerhin auch etwa 15 kg schwerer Stein, den eine nicht allzu kräftige Person gerade noch drehen kann. Gelingt es, dann werden die dabei gedachten Wünsche erfüllt. Die beiden Steinflächen sind vom jahrhundertelangen Gebrauch schon völlig glattgewetzt.

Auch der „Gespaltene Fels" bei Mariazell ist so ein alter Kultstein, der geschickt in das christliche Gedankengut einbezogen wurde: Als nämlich der Gründer von Mariazell, der St. Lambrechter Mönch Magnus, mit seiner Madonnenstatue dort vorbeikam, habe sich der Fels geteilt und ihm den Durchgang ermöglicht. In den späteren Jahrhunderten zogen dann auch alle christlichen Wallfahrer durch diese „Spalte", obwohl sie vorher schon immer als „sünden- und krankheitsreinigend" benützt wurde.

In der Nähe des Kraftwerks Kaprun, am heute überfluteten Moserboden, stand ein gespaltener Felsblock, zu dem die Pinzgauer kamen, um beim Durchkriechen ihr Rheuma loszuwerden.

„Schliefstein" am Kailash in Tibet

Wenn heute noch an gewissen Bitt-Tagen die Wallfahrer betend den Altar einer Kirche umrunden und dabei einzeln den engen Raum zwischen Altar und Apsis durchschreiten, so scheint auch das mit den vorhin genannten Phänomenen zu tun zu haben.

Auch in den Himalayabergen hoffen Wallfahrer und Pilger seit alten Zeiten, ihre Sünden und auch körperliche Gebrechen beim Durchzwängen oder Durchschreiten enger Felsspalten und Schliefstellen abstreifen zu können.

Neben vielen anderen Orten in Tibet kann man ein solches Geschehen am besten bei einer Pilgerfahrt zum Kailash, dem „Heiligsten Berg der Welt", beobachten: Sieben Tage benötigt man per Allradfahrzeug von Lhasa, der Hauptstadt Tibets, bis zum Kailash… Und dann taucht er endlich selbst auf, der „Götterthron", das „Schneejuwel", der gleichzeitig von den Hindus Indiens und den Buddhisten Tibets als Sitz ihrer obersten Gottheit verehrt wird. Man steht ergriffen vor einer makellosen Gestalt, einer gleichmäßigen Kuppel aus Eis, die auf einem riesigen Sockel von waagrechten Felsbankungen steht.

Auch wir machten uns auf den 48 Kilometer langen Rundweg um den Berg, den die meisten Pilger in drei Tagen schaffen. – Wer den Berg umrundet, der ist seine Sünden los; besonders dann, wenn die einzelnen Rituale bei der Umrundung genau eingehalten werden.

Eines der wichtigen Rituale ist das Durchzwängen durch eine bestimmte Felsspalte – ein echter „Schliefstein" – , bei der man sich den Totengott Yama vor seinem geistigen Auge vorzustellen und seine Sünden zu bereuen hat.

Auch wir kamen bei unserer Umrundung zur „Sündenspalte", sahen aber zuerst nur einen Berg von Kleidungsstücken auf dem Boden liegen. Schon am Abend vorher hatten wir erfahren, daß man sich unbedingt durch die Spalte zwängen und dabei aber auch bereuen müsse: „Viele, oft sogar recht schlanke Sünder seien in ihr allerdings schon stecken geblieben und hätten nur mit Hilfe ihrer Kameraden mühsam wieder befreit werden können. Der Totengott sehe in seinem Spiegel alle Sünden und bestrafe unaufrichtige Büßer umgehend. Zum Zeichen aber, daß man bereut habe, hinterlasse man zum Beispiel anschließend ein warmes Kleidungsstück an Ort und Stelle."

Tatsächlich sahen wir zum Teil wertvolle Jacken, Mäntel und Hosen, aber auch Geldscheine dazwischen, auf dem Gewandberg liegen. Als Nichtbuddhisten krochen auch wir durch den Felsspalt und verweilten kurz in der kleinen ausgeschürften Wanne am hintersten Punkt, um unsere Sünden zu bereuen, was bekanntlich auch einem Christenmenschen nicht schadet. Kleidungsstücke hinterließen wir aber keine, denn wir fühlten uns nicht so abgehärtet wie die Tibeter.

Gipfelsteinmänner – tibetische „Lhartses" – Bußsteine – Opfersteine

Wo immer man im tibetischen Kulturkreis eine Paßhöhe oder einen von Hirten betretenen Berggipfel erreicht, findet man einen oder mehrere Steinmänner. Sie heißen „Lhartse" und sind meist mit Gebetsfähnchen geschmückt. Manchmal liegen auch einige „Manisteine" oben drauf. – Gipfelkreuze gibt es natürlich im buddhistischen Bereich nicht.

Diese Steinmale sind zur höheren Ehre der Götter errichtet worden. Die Tibeter haben das Bedürfnis, den Göttern zu danken, wenn sie nach größerer Anstrengung endlich die Paßhöhe erreicht haben. – Jeder, der den Paß erreicht, legt einen weiteren Stein dazu, so daß manche Steinansammlungen nicht mehr die Form eines „Steinmannes", sondern eines riesigen Steinhaufens angenommen haben.

Diese Stein-Hinterlegungen werden von den Tibetern meist auch als „Opferung" verstanden. – Solche „Opfersteine" gibt es aber auch in den Alpenländern, so zum Beispiel auf der „Luegtratten" bei Oberwölz in der Steiermark:

Am Weg von Oberwölz hinauf zur „Roßalm" steht eine kleine Kapelle mit einer Quelle, dem „Pfingstbründl", das heilkräftig sein soll. Etwa hundert Meter oberhalb, in der Nähe der „Luegtratten", wie der Platz auch heißt, befindet sich der sogenannte „Opferstein", der auch „Teufelstein" genannt wird. Der Sage nach soll einst der Teufel hier einen Menschen in diesen Stein verwandelt haben.

Wir waren auf einer Bergwanderung zur Roßalm unterwegs, als wir gerade in der Nähe eines an sich unauffälligen, größeren Felsbrockens hinter einer offensichtlich einheimischen Familie einher-

Gipfelsteinmann in der Steiermark

gingen. Der Vater hielt plötzlich an und forderte die Kinder auf, so wie er auf den Fels einen Stein draufzulegen. Bei näherem Hinsehen bemerkten wir erst, daß schon viele größere und kleinere Steine dort lagen. – Man klärte uns auf, daß dies schon seit alten Zeiten so Brauch wäre und daß man außerdem für die „Arme Seele" ein Vaterunser beten sollte.

Interessant ist, daß auf der Oberwölzer Luegtratten traditionell am Pfingstmontag immer auch von der Landjugend ein „Rangeln"*

---
* Rangeln nennt man den traditionellen alpenländischen Ringkampf.

Tibetischer „Lhartse"

durchgeführt wird – es handelt sich hier zweifellos um einen sehr alten, wahrscheinlich vorchristlichen Kultplatz.

Am Weg von der Brendlhütte zur Koralm kommt man an einem Bildstock vorüber, der zum Gedenken an die „Tote Kramerin" errichtet wurde, die hier schon vor längerer Zeit umgekommen ist. Angeblich ist sie einem Raubmord zum Opfer gefallen. – Die Tradition will es, daß hier die einheimischen Bergwanderer einen oft recht schweren Stein im Rucksack herauftragen. Sie werfen ihn zu den vielen anderen Steinen rund um das „Marterl", um der „Toten Kramerin zur letzten Ruhe zu verhelfen"!

Unsere Vorfahren opferten in Schalensteinen von der Steiermark bis zum Himalaya

Erst vor knapp 20 Jahren fand man in der Steiermark den ersten Schalenstein. Er befindet sich im Ortsteil Adendorf der Gemeinde Mariahof: Ein drei mal zwei Meter breiter und etwa zwei Meter hoher Felsblock an einer etwas erhöhten Stelle, von der man durch eine Geländefalte guten Blickkontakt zum Kirchhügel von Mariahof hat, der in sehr alten Zeiten sicherlich ein vorchristlicher Kultplatz war.

„Schalenstein" aus Südtirol

Der Steinblock hat an seiner mehr oder weniger ebenen Oberfläche etwa zwanzig kreisrunde, mehrere Zentimeter tiefe Ausnehmungen von 4 bis 7 Zentimeter Durchmesser. Man sieht diesen Näpfchen bzw. Schälchen an, daß sie durch Drehen mit einem härteren Material herausgearbeitet wurden.

Wenn man die Adendorfer fragt, was es mit dem Stein für eine Bewandtnis habe, so wissen sie keine Erklärung und sagen, daß auch ihre Vorfahren schon darüber gerätselt, dem Stein aber nie Bedeutung beigemessen hätten. – Sehr gut kann man sich vorstellen, daß dieser Stein als eine Art Altar Verwendung fand, in dessen Schalen Opfergaben dargebracht wurden oder Dochte in einem Ölbad brannten.

Die Wissenschaft hat dazu noch keine genaueren Aufklärungen beitragen können. Fest steht nur, daß es auch im Mühl- und Waldviertel, besonders aber in Südtirol und Oberitalien viele solcher Schalensteine gibt.

Da viele in die Jungsteinzeit hineinreichende Kulte weltweit verbreitet waren, so hat es uns vor einigen Jahren zwar sehr gefreut, aber nicht übermäßig verwundert, als wir auch im Himalaya, am südwestlichen Rand des tibetischen Kulturkreises, einen solchen Schalenstein fanden:

Wir waren unterwegs nach Lahoul, das ist jenes Gebiet, das südlich an die alte westtibetische Provinz Ladakh angrenzt und auch schon zum tibetischen Kulturbereich gehört.

Hier hat sich der vor einigen Jahrhunderten vordringende Hinduismus der Radschputen, die von den islamischen Moguln nach Norden verdrängt wurden, mit der vortibetischen „Bergreligion" vermischt. Das Resultat sind interessante Tempelbauten. Die alten „heidnischen" Tempel wurden nicht abgerissen, sondern die alten Götter wurden in den hinduistischen Pantheon aufgenommen.

Vieles, was mit der alten „Bergreligion" zu tun hatte, blieb im Umkreis der Tempel einfach liegen – und wenn es sich um steinerne Gebilde handelte, blieben sie über die Jahrhunderte erhalten. – So fanden wir in Alt-Manali, knapp südlich des 4.000 Meter hohen

Rotangpasses, neben einem neuen Tempel halb im Boden versunkene, grob zugehauene steinerne Götterstatuen undefinierbarer Zuordnung, aber auch steinerne Stelen, ohne jede Verzierung. Und im angrenzenden Tempelhof lag eine große Natursteinplatte, die in die Tempelpflasterung einbezogen war. Sie barg mehrere unregelmäßige Reihen von Schalen und Näpfchen, wie wir sie vom Stein von Adendorf her schon kannten.

Der Pudschari, der hinduistische Priester, bedeutete uns, daß er nicht wüßte, was es mit dem Stein auf sich hätte.

In der Nähe von Manali befindet sich auch der wunderbar gelegene, aus Holz errichtete Haupttempel des Tales. Er ist der lokalen Göttin „Hedimba" geweiht, die allen anderen tausend Gottheiten der Gegend vorsteht. – In diesem Tempel werden im natürlich felsigen Fußboden einige Steinkuhlen besonders verehrt. Eine von ihnen dient zur Aufnahme des Blutes geopferter Ziegen und Büffel.

„Schalenstein" aus dem Himalaya

Raiffeisen-Giebelkreuz und Pferdeköpfe im Himalaya

Als F. W. Raiffeisen im vorigen Jahrhundert seine Genossenschaften gründete, geschah dies, um die Not der Bauernschaft verringern zu helfen. Als Symbol für diese neue Organisation wurden die zwei gekreuzten Pferdeköpfe gewählt. In weiten Teilen des deutschen und skandinavischen Sprachraumes am Hausgiebel angebracht, schützen sie vor Unheil und gelten überhaupt als Glücksbringer.

Im Osten der Steiermark, am Rand der „Buckligen Welt", gab es noch vor Jahrzehnten diese Giebelzier an Haus und Wirtschaftsgebäuden. Im Volksmund wurden die über das Dach hinausragenden Giebelbalken als „Roßgoschen" bezeichnet.

Von Oberbayern über Tirol bis in die Schweiz sind in die giebelseitigen „Windbretter" Pferdeköpfe eingeschnitten.

Bei den Germanen und Kelten stand ja das Pferd als Glücksbringer und sogar als heiliges Tier in hohem Ansehen. – Die instinktive Abneigung vieler Zeitgenossen gegen den Genuß von Pferdefleisch mag wohl auch noch aus dieser Zeit stammen, obwohl das Pferd ein besonders reinliches Tier ist und auch nur vegetarische Nahrung zu sich nimmt.

Auch die katholische Kirche übernahm die Beliebtheit des Pferdes in ihren Kult. So sind eine Reihe von Heiligen als Pferdepatrone hoch angesehen; z. B. Georg, Eligius, Stephan und Leonhard. – Ein interessantes Beispiel eines Pferdekultes gibt es in der Kirche von St. Martin bei Graz. Hier hat der Barockschnitzer J. T. Stammel drei lebensgroße Reitergruppen mit den Heiligen Eligius und Martin dargestellt. – Dieser Altar soll einst einen visitierenden Bischof zur Frage veranlaßt haben: „Bin ich nun in einer Kirche oder in einem Pferdestall?"

Die Pferdekopfaltäre der Kalash im Hindukusch erinnern an das Raiffeisensymbol

Im Himalaya, vom Hochland von Tibet bis zu den Bergvölkern des Hindukusch, gilt das Pferd als heilig und glücksbringend. Eine besonders auffallende Ähnlichkeit mit dem Raiffeisen-Giebelkreuz

Pferdekopfaltar aus dem Hindukusch

haben die Altäre des kleinen Bergvolkes der Kalash in Nordpakistan, nahe der afghanischen Grenze.

Die Altäre bestehen aus einem Unterbau aus geschlichteten Steinen auf denen verzierte Holzplanken liegen. Darüber befindet sich wieder eine Steinpackung und in ihr stecken meist zwei geschnitzte Pferdeköpfe. – Sie erinnern spontan an das Giebelkreuz.

Hier müssen wir aber eine merkwürdige Begebenheit erzählen: Die Umgebung der Pferdekopfaltäre ist streng nur den Männern vorbehalten, was wir ursprünglich nicht wußten. Bei der Besichtigung des mit Pferdeköpfen geschmückten Steinheiligtums im Dorf Bamboret für den Gott Mahadeo geschah uns das Mißgeschick, daß eine Frau aus unserer Begleitung an den Altar herantrat.

Der Dorfvorsteher bemerkte unsere Übertretung zu spät und kam aufgeregt nachgekeucht, um uns über das Vergehen aufzuklären. Mit weinerlicher Stimme gab er seiner großen Besorgnis Ausdruck, daß nun Wetter- und Steinschlagunglück über das Tal hereinbrechen würden.

Wir waren ebenfalls aufrichtig bestürzt, halten wir doch streng an dem Prinzip einer vollen Respektierung der örtlichen Sitten fest. Was tun? Götter kann man mit Opfergaben beschwichtigen und zufriedenstellen! – Und so war es dann auch: Wir kauften umgehend eine Ziege, die sofort geschlachtet wurde. Ihr Blut wurde über den Altar gespritzt und – wie üblich – ihr Fleisch am Abend von den Dörflern verzehrt.

Wir besiegelten über diesen Vorfall mit den Leuten von Bamboret sogar eine Freundschaft, die uns in den beiden nächsten Tagen tieferen Einblick in ihre Sitten gewährte. – Nur unsere Begleiterin, die das Mißgeschick ausgelöst hatte, fühlte sich in ihrem weiblichen Stolz gekränkt. Der Dorfvorsteher bekam ihren Unmut mit und zeigte uns dafür einen eigenen Frauentempel, der wiederum nur vom weiblichen Geschlecht betreten werden darf.

Tibetische Thankas und christliche Fastentücher

Die bei den Fronleichnamsprozessionen und anderen katholisch-christlichen Umzügen durch die Dörfer im Alpenland mitgetragenen Kirchenfahnen zeigen in der Regel Heiligenbilder. Bei näherer Betrachtung – sie werden ja in der Kirche in Halterungen aufbewahrt – sieht man, daß die Bildnisse auf Leinwand aufgemalt sind und zwar fast in der selben Technik, wie dies bei der tibetischen Thanka-Malerei geschieht.

Bei der Fronleichnamsprozession schreitet der Priester übrigens unter einem Baldachin, der durchaus mit den „Ehrenschirmen" vergleichbar ist, unter welchen sich die tibetischen Würdenträger bei Umzügen bewegen.

In der Karwoche werden in der Steiermark, zum Beispiel in St. Lambrecht, in St.Oswald bei Oberzeiring, in Pürgg, in St. Gallen, oder in Kärnten im Dom von Gurk sogenannte „Fastentücher" ausgehängt. Sie sind mit heiligen Motiven bemalt und ähneln verblüffend den tibetischen Thankas. (Die Bezeichnung „Fastentuch" rührt von der Zeitspanne vom Aschermittwoch bis zum Mittwoch in der Karwoche, der „Fastenzeit", während welcher der Hochaltar durch Tücher verhängt wird.)

In jeder tibetischen Ghompa, wie die Tempel heißen, aber auch in vielen Privathäusern und in den Zelten der Nomaden finden sich Thankas. Es sind auf Stoff gemalte Bilder, die eingerollt transportiert werden können. Diese Technik weist wohl auf die nomadische Lebensweise ihrer ursprünglichen Erfinder hin.

Der zu bemalende Stoff wird dabei in einen Rahmen gespannt, mit Leimfarbe grundiert und das Bild vorerst gezeichnet. Erst dann wird das Motiv gemalt; früher mit Pflanzen- und örtlichen Mineralfarben, seit einigen Jahrzehnten aber auch mit chemischen Farben.

Fastentuch, St. Lambrecht (Steiermark)

Tibetische Thanka

Thankas zeigen die unterschiedlichsten Motive. Meist sind es die verschiedenen Gestalten des tibetischen Götterhimmels: Voran Buddha selbst in seinen diversen Manifestationen; aber auch bedeutende Äbte, sowie legendäre Gestalten werden abgebildet. Viele Thankas haben aber auch lediglich meditative Inhalte und zeigen dann vor allem ein Mandala.

Häufig sind die Bilder in Brokat gefaßt und mit einem Schutzschleier versehen. Meist hängen an beiden Seiten rote und gelbe Seidenbänder herab. Sie symbolisieren einen Regenbogen, der den frommen Betrachter mit jenem fernen Himmel verbinden soll, dessen Geheimnisse ihm das Bild verkündet.

Die Thankas sind häufig ein Meter mal fünfzig Zentimeter groß; oft aber auch entsprechend kleiner, wenn sie privaten Zwecken dienen.

Die Klöster haben oft riesige Thankas bis zu einem Ausmaß von zwanzig mal zehn Metern in Verwendung. Sie werden zu bestimmten Festtagen oder Zeremonien über die Klostermauern herabgelassen bzw. aufgezogen. Solche Thankas sind dann nicht bemalt, sondern in Applikationsarbeit hergestellt, bei der färbige Stoffstücke aufgenäht werden.

Alle Thankas werden erst in Verwendung genommen, wenn sie vorher durch ein religiöses Einweihungsritual sozusagen „geistiges Leben" erlangt haben.

(Man kann auch „der" oder „das" Thanka sagen; eine exakte Geschlechtszuweisung aus dem Tibetischen gibt es nicht.)

Der tibetische Götterhimmel kennt Barockengel und auch die barocke Hölle

Daß auf Thankas Engelfiguren dargestellt werden, ist nicht ganz so verwunderlich, wenn man von der Wissenschaft erfährt, daß die Wurzeln unseres Engelglaubens aus dem Orient stammen.

„Engel" auf einer tibetischen Thanka

Es ist aber doch recht erstaunlich, wenn zum Beispiel auf einer alten Thanka pausbäckige Engelfiguren in Wolken schweben und mit Posaunen und Weihrauchgefäßen die Ehre der tibetischen Götter und Heiligen verkünden.

Nach der Vorstellung des tibetischen Buddhismus muß der Sünder auch Höllenqualen erleiden, ehe er in irgendeiner Form wiedergeboren wird. – Diese „Höllen" werden sehr anschaulich fast an

„Hölle" auf tibetischem Lebensrad

jedem Tempeleingang am sogenannten Lebensrad dargestellt. Der Totengott Yama hält es in seinen Klauen. Für die schriftunkundigen Tibeter sind die Lebensräder ein echter Katechismus in Bildern: Rundherum sind in sechs Segmenten die möglichen Bereiche der Wiedergeburt angeordnet. Am eindrucksvollsten im unteren Teil die

„Barockhölle" (Stift Vorau, Steiermark)

Hölle als ein Fegefeuer mit all seinen Qualen. Die Aussicht, nach dem Tod in einer heißen Hölle leiden zu müssen, ist für den Tibeter nicht so schlimm, wie als Sünder in einer kalten Hölle zu landen, weil der Tibeter fast das ganze Jahr über unter Kälte zu leiden hat. So sind manche „Höllen" im Lebensrad auch als Eislandschaft ausgestattet.

Verblüffend ähnlich – ja sie könnten oft ausgetauscht werden – sind die Darstellungen der Höllenpein auf verschiedenen Barockmalereien. Dargeboten auf Gewölben von Sakristeien, aber auch an der

Hinterseite von Altären christlicher Kirchen: Die Geizigen, die Ehebrecher, die Mörder werden in Höllenpfühle gestürzt, geflügelte Teufelwesen empfangen die Sünder mit Marterinstrumenten und so fort.

Besonders ähnlich den tibetischen Höllendarstellungen sind jene von Cyriak Hackhofer in der Sakristei des Stiftes Vorau, oder zum Beispiel die an der Altar-Rückseite der St. Ulrichskirche in Krakaudorf und in vielen anderen Kirchen im Alpenraum.

Haben die wenigen christlichen Missionare, die zu Anfang des 18. Jahrhunderts nach Tibet kamen, hier einen Einfluß geübt? Bei ihren relativ kurzen Aufenthalten scheint dies aber eher unwahrscheinlich, und so bleibt ein Rätsel bestehen…

Auch die tibetischen Götter sind von einem Heiligenschein umgeben

Eine unerwartete Kulturparallele ist der Heiligenschein. Der tibetische Götterhimmel ist fast unüberschaubar zahlreich. Überraschend ist dabei die häufige Abbildung von Gottheiten mit einem Heiligenschein.

Im tibetischen Lamaismus ist dies ein Symbol der Ausstrahlungskraft des Körpers und seines Geistes. Schon in den orientalischen und altasiatischen Kulturen werden Halbgötter mit dem „Nimbus", das ist der Heiligenschein um den Kopf und mit der „Aureole", das ist die Ausstrahlung des Körpers, umgeben.

„Heiligenschein" auf tibetischer Thanka

Auf den tibetischen Thankas und Wandmalereien sind Nimbus und Aureole dabei oft mit vergoldeten Rändern und Blumengirlanden verziert. Wird der Heiligenschein grün gemalt, so zeigt er im Bereich des Kopfes die geistige Kraft an. Wird das ganze Regenbogenspektrum verwendet, dann versinnbildlicht dies die Verbindung der irdischen mit der himmlischen Sphäre.

Im eurasischen Kulturkreis ist diese Symbolik bei buddhistischen Darstellungen wohl weit verbreitet und ziemlich sicher bereits vorchristlicher Natur. Dennoch wird immer wieder behauptet, daß christliche Missionare Teile ihres Kulturgutes sogar in Tibet hinterlassen hätten; dazu ein kurzer Überblick:

Nach Lhasa kam zuerst der österreichische Jesuit Johann Gruber, der vorerst in Peking als Mathematiker und Astronom arbeitete. Er versuchte auf dem Weg über Lhasa eine Landverbindung zwischen China und Europa zu finden. Mit seinem belgischen Begleiter benötigte er im Jahre 1661 von Mittelchina aus drei Monate, um in die Hauptstadt Tibets zu gelangen. Zwei Monate hielten die beiden sich dort auf, unternahmen aber keine Missionierungsversuche, sondern notierten lediglich ihre geographischen Beobachtungen.

Als nächste kamen 1708 missionierende Kapuziner nach Lhasa. Mit Hilfe einflußreicher tibetischer Beamter gelang es ihnen, im Jahre 1725 ein kleines Kloster nebst einer Kapelle zu errichten. Diese Missionsarbeit blieb aber ohne Erfolg. 1745 wurde ihr Kloster geschlossen und heute ist keine Spur mehr davon vorhanden.

1716 war auch der Jesuit Ipolito Desideri nach Tibet gelangt. Er erhielt im Kloster Sera bei Lhasa die Erlaubnis, eine kleine Kapelle einzurichten und täglich die Messe zu lesen. Bereits 1721 verließ er aber wieder das Land.

1846 durfte schließlich der französische Geistliche Abbé Huc eine christliche Kapelle bauen – der damalige Regent Tibets war äußerst tolerant –, aber auch sie verschwand nach einigen Jahren wieder aus dem Stadtbild Lhasas.

Fische als Glücks- und Fruchtbarkeitssymbol

In unserem Kulturbereich gehört der Fisch zu den ältesten christlichen Symbolen. Der Grund hiefür kann nicht mit Sicherheit angegeben werden. Vermutlich wurde das Fischsymbol aber eines der frühesten Geheimsymbole für Christus den „Menschenfischer" und ist vom 2. Jahrhundert an in Kleinasien bezeugt.

Wenn die Neujahrsgeiger in der Steiermark von Haus zu Haus ziehen, dann gibt es unter den vielen Liedern auch eine Strophe:
>…Gott soll Euch Glück und Segen geben
>und einen runden Tisch
>Darauf einen goldenen Fisch
>und ein Flascherl Wein
>Dabei sollt ihr lustig sein…

Im tibetischen Kulturkreis stellen zwei Fische eines der acht Glückssymbole dar. Diese zwei Fische „dienen stellvertretend für alle Wesen, welche aus dem Ozean des irdischen Lebens gerettet wurden". Die beiden Fische versinnbildlichen aber auch das Entgleiten der Seelen aus den Fesseln der Wiedergeburten.

Als Nahrungsmittel schätzt der Tibeter den Fisch überhaupt nicht. In den himalayanahen, südlichen Teilen Tibets, mit seinen tief eingeschnittenen Schluchten, werden

„Fischsymbol" am tibetischen Jokhangtempel in Lhasa

die Leichname nämlich nicht der „Himmelsbestattung" durch die Geier zugeführt, sondern an bestimmten Plätzen von Klippen gestürzt; zum Beispiel so im Gebiet der Sherpa. – Die Fische verzehren nach Meinung der Tibeter die Überreste der Toten und sind daher unrein, weshalb es einem Tibeter nicht einfallen würde, einen Fisch zu essen.

Im Kyitschu bei Lhasa, dem Strom, an dem die alte „Götterstadt" liegt, wimmelt es von Fischen. Die nun schon seit 40 Jahren dort anwesenden Chinesen widmen sich nachdrücklich dem Fischfang und verzehren die Fische nach den vielfältigen Zubereitungsvarianten der chinesischen Küche. Neben vielen anderen unverständlichen chinesischen Sitten und Bräuchen ein weiteres Greuel für die Tibeter!

Steinerne und bronzene Löwen vor christlichen Kirchen und tibetischen Tempeln

Am bekanntesten sind die bronzenen Löwenmasken an romanischen Kirchenportalen. Ihr Anblick soll allen bösen Mächten den Eintritt in den heiligen Bezirk verwehren. Die Ringe, die sie zwischen den Zähnen halten und die gewöhnlich zum Anklopfen dienen, haben noch eine andere Bedeutung: Wie im Tempel im Altertum, so boten auch die christlichen Kirchen Asyl. Wer nun auf der Flucht vor seinen Verfolgern diesen Ring ergriff, war gerettet. Er stand damit im Bannkreis des Löwen, der mit seinem Blick den abwehrte, der den Gottesfrieden brechen wollte.

Oft kauern aber auch zwei Löwen links und rechts des Einganges romanischer Kirchen. Ihr Blick ist zornig, der Rachen geöffnet. Wie eine Beschreibung dieses Löwenmotivs hört sich ein Mahnwort Isaaks von Antiochien aus dem 5. Jahrhundert an: „Der Teufel ist ein Löwe, den die göttliche Gerechtigkeit gefesselt hat und an ihren Pforten als Schreckmittel niederkauern läßt."

Interessant ist in der christlichen Kunst die Doppeldeutigkeit des Löwenmotivs, denn der Löwe wird zum positiven Symbol des Evangelisten Markus und zum Sinnbild des auferstandenen und zum Leben erweckenden Christus, aber als brüllender und reißender Löwe auch zum Symbol des Satans.

Vor den Tempeln im buddhistischen Kathmandutal sind Löwenfiguren als Symbol übermächtiger Kraft aufgestellt. In Tibet ist der „Schneelöwe" das Wappentier des Landes. Als Löwenplastik ist er häufig an Tempeln, besonders schön zum Beispiel auch am Potala in Lhasa zu bewundern. Nach der tibetischen Mythologie reitet die auf dem höchsten Berg Tibets – und

„Löwe" am Potala in Tibet

Löwendarstellung an romanischer Kirche

gleichzeitig der ganzen Erde – der Chomolungma thronende Göttin Tseringma jede Nacht auf einem Schneelöwen herab in die Täler, um das Land zu beschützen.

In Tibet sieht man „Senghe", den Schneelöwen heute noch vor allem an den Ecken der Dachgeschoße des Potala in Lhasa. Er ist dort seit einigen Jahren wieder mit einem Kattah, einem Ehrenschal, aus weißer Seide geschmückt.

Viele Schneelöwenplastiken wurden während der grausamen Kulturrevolution von den Chinesen zerstört; der Potala selbst aber angeblich von Truppen Tschu En Lais vor einer Zerstörung und Plünderung geschützt. – Der Schneelöwe ist nämlich auch das Unabhängigkeitssymbol Tibets. Einige der (erstmals in der Geschichte Tibets) zwischen 1912 und 1949 erschienenen Briefmarken, Banknoten und Münzen zeigen ihn. Diese Zeitspanne war auch die einzige, in der sich Tibet einer vollen Unabhängigkeit erfreute. – Auch das Siegel des im indischen Exil in Dharamsala residierenden 14. Dalai Lama weist den Schneelöwen auf.

Auch bei den Tibetern hat die Kirchenglocke ihren Platz

Die kleine Handglocke – „Drilbu" genannt – ist für den tibetischen Priester beim Zitieren der verschiedenen heiligen Schriften ein unentbehrlicher Ritualgegenstand. Sie versinnbildlicht hiebei den weiblichen Pol, das Symbol der Erkenntnis. In der anderen Hand hält der Geistliche gleichzeitig den „Dordsche", den „Donnerkeil-

Glocke im Jokhangtempel in Lhasa

Szepter", symbolisierend das männliche Element und gleichzeitig die Erleuchtung.

Seltener findet man in tibetischen Tempeln größere Glocken, wobei jedoch im wichtigsten Tempel Tibets, im altehrwürdigen

„Jokhang" in Lhasa, mehrere große Glocken hängen. – Nach unbestätigten Meinungen wären sie von Jesuiten-Patres, die sich im 17. und 18. Jahrhundert in Lhasa aufgehalten haben und sogar für kürzere Zeit dort eine Kapelle in Verwendung hatten, nach Tibet gebracht worden.

Glocken finden sich aber jedenfalls in vielen hinduistischen Tempeln im Indischen Himalaya und wurden mit ziemlicher Sicherheit auch von dort nach Tibet gebracht. Bei den Hindus versinnbildlicht die Glocke Vergänglichkeit, denn „unbeständig ist die Welt der Erscheinungen wie ein Glockenton". Die Glocke symbolisiert aber auch die alles durchdringende Weisheit.

Besonders schön verzierte Glocken an den Tempeln haben wir bei einer Erkundungsfahrt im Chenab-Tal, bereits nördlich der ersten Himalayakette, an der Grenze zwischen Kulu und dem tibetischen Lahoul/Zanskar gesehen. Die dort lebenden Menschen sind offiziell Hindus; zu gewissen Tempeln, wie z. B. zu jenem in Triloknath, kommen aber auch schon Lahouli, also tibetische Pilger, die sich dann ihren Lama-Priester selbst mitbringen.

Kniend und liegend Wallfahren

Auch bei uns in den Alpenländern gibt es derartig inbrünstige Glaubensübungen: So rutschen die Gläubigen betend auf den Knien nicht nur auf der Scala Santa im Lateran in Rom hinauf, sondern auch bei uns in der Steiermark kann man diesen Brauch noch gelegentlich erleben. So etwa am Kalvarienberg in Graz in der Karwoche oder in St. Pankratzen (Sveti Pankracij) in Slowenien, wenige Meter jenseits der steirischen Grenze, wo zu bestimmten Festtagen die Bevölkerung beiderseits der Staatsgrenze zusammenströmt.

Auch der Mariazeller Basilika nähern sich Pilger gelegentlich auf den Knien, über die Stufen hinaufrutschend.

Es wird aus dem 18. Jahrhundert von einer oberösterreichischen Magd berichtet, die eine sechs Kilometer lange Strecke von ihrem Bauernhof bis zur Dorfkirche auf den Knien gerutscht sei, „um eine arme Seele zu erlösen"…

Wir hatten schon bei Sven Hedin und Heinrich Harrer davon gelesen, wie die Tibeter in religiöser Inbrunst mit der eigenen Körperlänge einen Weg um ein Heiligtum „ausmessen" und wie sie sich unter fortwährendem Niederwerfen einem Heiligtum nähern.

Stark berührt und ergriffen waren wir, als wir das erstmal in Lhasa vor dem Jokhang, dem heiligsten Tempel ganz Tibets, standen. Die Tibeter nähern sich dem Eingang die letzten zwanzig bis dreißig Meter ausnahmslos unter ständigem Niederwerfen. Dabei strecken sie die Hände aus und wo die Fingerspitzen den Boden berühren, dort kommen dann beim nächsten „Saltschang", wie diese fromme Übung heißt, die Fußspitzen zu liegen. Sauber gekleidete Frauen werfen sich dabei auf einen kleinen Webteppich, den sie vor sich herschieben. Dann erst betreten sie das Tempelinnere, stehen im mystischen Schein unzähliger Butterlämpchen vor den beiden riesigen vergoldeten Statuen von Buddha Maytreya und Tschenresi und zwingen sich schließlich in einer Seitenkapelle an der „allerheiligsten" Buddha-Shakyamuni Statue vorüber. Dabei sind im Riesengedränge sogar Mönche behilflich. – Das ist auch so eine „Schliefstelle", an der man seine Sünden abstreifen kann.

Im Inneren der Tempel werfen sich alle Gläubigen dreimal vor dem Hauptaltar nieder. Besonders verdienstvoll ist es aber, einen ganzen „heiligen Bezirk" mit der Körperlänge auszumessen. Das kann dann Tage und Wochen dauern. So benötigt man am Lingkor, dem heiligen Pilgerpfad um Lhasa, mehrere Tage, und wer den Kailash am „Parakrama" mit der Körperlänge bewältigt, benötigt dazu mindestens drei Wochen und eine hervorragende Kondition.

Diese religiöse Übung läßt sich aber noch steigern, wenn man den „tönenden Saltschang" durchführt. Das heißt, wenn man mit der Stirn bei jedem Hinwerfen laut und deutlich den Boden berührt. – An der Stirn sieht man dann auch gleichzeitig einen staubigen Fleck. Wer den Kailash so umrundet hat, wird nicht nur sehr günstig wiedergeboren, sondern hat sogar soviel „Verdienst" angesammelt, daß die Auspizien für mehrere Wiedergeburten sehr günstig stehen.

Wir haben bei unserer Kailash-Umrundung, die auch für uns im christlichen Kulturkreis Aufgewachsenen eine tief berührenden Pilgerfahrt geworden war, einen „Profi" getroffen. Er war schon das zweite Mal in seinem Leben dabei, den „Parakrama" durch Hinwerfen zu bewältigen. Er hat seine Hände durch eine Art Handschuhe geschützt, die aber wie Holzpantoffel aussahen, und hatte auch eine schwere Lederschürze vorgebunden. So ausgestattet konnte er sich bei jedem Hinwerfen etwas abstoßen und am Boden ein kleines Stück vorwärtsgleiten…

Pilger vor dem Jokhangtempel in Lhasa

Brennende Kerzen am Altar

Betritt man etwa die Seitenkapelle einer katholischen Wallfahrtskirche, so steht man häufig vor einem kleinen Lichtermeer brennender Kerzen, die von den Gläubigen geopfert werden.

Haargenau dem gleichen Bild sieht man sich in den Seitenkapellen tibetischer Tempel gegenüber, die von Pilgern besucht werden. Nur daß hier nicht Kerzen der üblichen Art brennen, sondern bis zu hundert brennende Dochte in großen, buttergefüllten Behältern schwimmen; der Eindruck ist zum Verwechseln ähnlich. – Der Pilger opfert in den tibetischen Ghompas keine Kerzen, sondern bringt als Brennstoff die Butter in die Klöster mit, die in unzähligen Lampen zu Ehren der Götter verbrannt wird; die Mönche stellen lediglich die Dochte bei.

Betritt man allerdings solche Sakralräume, meist sind es enge Seitenkapellen, dann nimmt einem der süßliche Duft von hunderten brennenden Butterdochten, kombiniert mit dem Geruch ranziger Butter, fast den Atem.

Unvergeßlich ist uns das Lichtermeer aus dem Jokhang in Lhasa vor der allerheiligsten Buddha-Statue Tibets geblieben, wo sich die Pilger stundenlang anstellen, um von kräftigen Mönchsarmen an der heiligen Figur, deren Berührung Sünden vergibt und Krankheiten heilt, mit Gewalt vorbeigeschoben zu werden. Die Nomaden-Pilger von den Hochsteppen Tibets bringen übrigens die Butter für die Opferlampen in umgestülpten Schaf- und Ziegenhäuten in großen Mengen mit, um sie als Opfergabe der Klosterverwaltung zu überlassen.

Lichtermeer in einem tibetischen Tempel (Jokhang, Lhasa)

Menschliche Schädelschalen als Trink- und Ritualgefäße

Schädelknochen im christlichen Ritual

Es gab viele heidnische Rituale, bei denen aus Schädelschalen getrunken wurde. Aber auch im christlichen Frühmittelalter wurde aus den Schädeln Heiliger getrunken. Beim Trank aus so einer Reliquienschale vermeinte man von den übernatürlichen Kräften des Heiligen Nutzen ziehen zu können. So durften z. B. die Gläubigen aus der Schädelschale der hl. Anastasia in Benediktbeuren an einem bestimmten Festtag Wein trinken. Gegen Fieber heilte ein Trunk aus dem Schädel des hl. Theodul in Trier.

Die Kirche hatte damals gegen diese Rituale nichts einzuwenden, war aber gegen die Volksbräuche, etwa aus einem „Armensünderschädel" (von einem Hingerichteten) zu trinken, um Zauberkräfte zu erlangen.

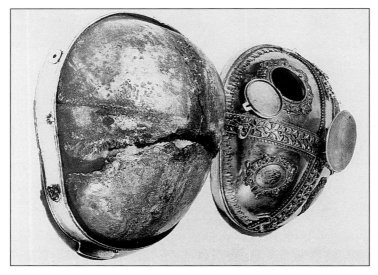

Schädelschale des heiligen Theodul aus Trier

Bußgang mit dem Schädel des Pfarrers Melchior Lang in Tragöß

Die ungebärdigen Holzknechte von Tragöß glaubten im frühen 18. Jahrhundert die Bußpredigten ihres Pfarrers Melchior Lang, der ihnen ihre Sünden ständig sehr drastisch vor Augen hielt, nicht mehr ertragen zu können. Nach der Messe schritten sie eines Sonntags zur Tat und erschlugen ihn. Die Hauprädelsführer wurden hingerichtet. Die ganze Gemeinde mußte aber 100 Jahre lang in die Schädelschale des Pfarrers Lang, anstelle des Klingelbeutels, am Todestag ihr Opfergeld werfen. – Den Schädel mit der klaffenden Wunde kann man noch heute in der Sakristei der Tragößer Kirche bestaunen… – Peter Rosegger hat das Drama in seinem Roman „Der Gottsucher" festgehalten.

Der tibetische Buddhismus konfrontiert seine Gläubigen ständig mit der Vergänglichkeit und dem Tod, um ein Vertrauensverhältnis zum Sterben zu schaffen. So halten viele Gottheiten auf Wandgemälden

Tibetische Schädelschale

oder als Statuen eine Schädelschale in Händen. Noch eindrucksvoller ist es, wenn Lamapriester aus den Schädelhälften verstorbener Mitbrüder trinken. Umherziehende Bettelmönche verwenden Schädel oft auch als Eßschalen. Eine Gottheit, die eine blutgefüllte Schädelschale hält oder aus ihr trinkt, zeigt damit, daß sie eine Opfergabe annimmt. Eine gefüllte Schädelschale versinnbildlicht aber auch Weisheit.

Aus den Schienbeinknochen von Mönchen oder Nonnen werden Röhrentrompeten angefertigt. Diese „Kanglings" sind mit Leder oder Kupferdraht umkleidet und werden bei verschiedenen rituellen Gelegenheiten geblasen.

Der Ausverkauf der tibetischen Kultur ist leider schon so weit fortgeschritten, daß man von Ladakh über Tibet bis ins nepalische Scherpaland solche Schädelgefäße, Knochentrompeten und aus zwei Schädelhälften gefertigte Ritualtrommeln als Tourist zum Kauf angeboten erhält.

Alpenländischer Rosenkranz und tibetische Gebetsschnur

„Tans Rosnkranzbetn in da Rachkuchl drin"…, so lautet der Teil einer Strophe vom Ulklied über den „Steirischen Brauch". – Besonders in bäuerlichen Kreisen wurde früher viel und lange Rosenkranz gebetet. Heute wird das Rosenkranz-Gebet noch bei der Totenwache, bei Begräbnissen, bei Wallfahrten und in der Kirche selbst, bei „Rosenkranzandachten" gepflogen. Wenn das Rosenkranzbeten mit seinem stark meditativen Charakter heute auch nicht mehr so ausgedehnt wie früher geübt wird - wer weiß, vielleicht erfährt gerade die wiederholende Meditation beim Beten eine Renaissance.

Rosenkranz

Die Gebetsschnur heißt in den Alpenländern „Beten" oder „Rosenkranz". Letztere Bezeichnung stammt aus einer Marienlegende des 13. Jahrhunderts. Unser Rosenkranz ist so wie bei den Tibetern eine Zählschnur, wobei zum Beispiel einem „Vaterunser" drei oder zehn „Ave Maria" folgen. Wie man auf al-

81

ten Abbildungen sehen kann, war der Rosenkranz oft künstlerisch wertvoll gearbeitet. Erst später wurde er zum Massenartikel der Devotionalienindustie. Die seinerzeitigen Handwerker wurden in der Steiermark oft die „Paternoster-Macher" genannt.

Der Rosenkranz mußte im Mittelalter geweiht sein, um mit ihm Ablässe zu erwirken. Ein geweihter Rosenkranz schützte aber auch vor dem bösen Blick, konnte das Wetter beeinflussen und bewahrte Kleinkinder in der Wiege vor Unheil.

Die Tibeter müssen sich ihren Göttern ständig – ja fast stündlich – zuwenden: Bittere Kälte, Hagelstürme, lange Trockenperioden und kurze, aber nicht selten Überschwemmungen auslösende Regengüsse sind der Anlaß dazu. Die Götter schicken diese Naturgewalten als Strafe für Vergehen und Sünden.

So wird bei jeder Tätigkeit, die eine Anrufung der Götter nur irgendwie zuläßt, gebetet. Das geschieht natürlich auch beim Gehen und Reiten, müssen doch auf vielen Handelswegen und bei den unzähligen Pilgerfahrten, die mit Leidenschaft in der arbeitsärmeren Zeit durchgeführt werden, lange Strecken zurückgelegt werden. Da sieht man viele Tibeter auf Yaks oder Pferden reiten, in der einen Hand die Gebetsschnur und in der anderen die Reitgerte. Und bei den Fußgängern haben wir schon oft in der einen Hand die Wollspindel und in der anderen die Gebetsschnur gesehen.

Die Anzahl der aufeinanderfolgenden Gebete – oft ist es nur das „Om mani padme hum" – sollte wenigstens der heiligen Zahl der tibetischen Buddhisten, nämlich „108" entsprechen. (Diese leitet sich aus $1 \times 2 \times 2 \times 3 \times 3 \times 3$ ab.) Die tibetische Gebetsschnur hat daher auch 108 Perlen aus Holz oder Bein und noch weitere Zählzeichen. Sind 108 Gebete gesprochen, dann wird das durch weitere Markierungen registriert.

Tibetischer „Rosenkranz" = Gebetsschnur

Swastika-Hakenkreuz: uraltes Glückssymbol

Durch den Mißbrauch des Hitler-Regimes ist dieses uralte indogermanische Glücks-Zeichen in der westlichen Welt total in Mißkredit geraten. Im hinduistischen, vor allem aber auch im tibetischen Kulturbereich hat es seine positive Symbolkraft aber ungebrochen bewahrt.

Das Swastika ist im europäischen Raum schon mindestens 5.000 Jahre alt und findet sich zum Beispiel auf Brandkeramiken im östlichen Mitteleuropa. Aus dem zweiten vorchristlichen Jahrtausend sind Felsritzzeichnungen aus Nordeuropa gefunden worden, und auch die alten Griechen haben es schon verwendet.

Jäger-Glückssymbol (Hochschwabgebiet)

Es wurde im europäischen Kulturraum sowohl wegen seiner sonnenähnlichen Form, aber wohl auch wegen seiner Kreuzähnlichkeit immer wieder verwendet. – In der Volkskunst der Alpenländer finden wir es zum Beispiel als Kerbschnitzerei auf 300 Jahre alten Trambalken von Bauernhäusern. – Der Volkskundler Dr. Bernd Mader berichtet von einem steirischen Bauern, der das Hakenkreuz aus dem Trambalken in der russischen Besatzungszeit aus Angst vor einer Gleichstellung mit Hitleranhängern entfernt habe.

Eigentümlich berührt waren wir vor einigen Jahren bei einer Bergwanderung im Hochschwabgebiet, als wir unsere geplante

Route nicht fanden und einem Jägersteig hinauf in die Schrofen folgten, um dadurch vielleicht doch einen Durchstieg auf das Gipfelplateau zu finden.

Der Pfad führte steil hinauf und in der Nähe einer Höhle lag eine verendete und schon skelettierte Gemse. Am Steiglein daneben hatte irgendjemand – offensichtlich ein Jäger – aus den Röhrenknochen des Tieres ein Hakenkreuz ausgelegt und den skelettierten Schädel, wie bei einem steinzeitlichen Altararrangement, davorgestellt.

Nun mag das Ganze durchaus ein Scherz sein und eine Jägerrunde bei einer Rast sich diesen „Witz" in Anspielung an die unselige Hitlerzeit geleistet haben. – Wir hatten allerdings nicht ganz diesen Eindruck; der Platz war zu mystisch.

In Tibet ist das Swastika seit vielen Jahrhunderten sogar eine Art Markenzeichen des lamaistischen Buddhismus und findet sich auf verschiedensten Kunstgegenständen als Dekoration. In seiner

Thron des 6. Dalai-Lama (Potala, Lhasa)

rechtsdrehenden Form ist es Symbol der Gelbmützen, in der linksdrehenden der vorlamaistischen Bönreligion. – Im Potala, der alten Gottkönigsburg in Lhasa, der Hauptstadt Tibets, ist der Thron eines der ehemaligen Dalai-Lamas ausschließlich mit Swastikas verziert.

„Svasti" heißt ja „Glück", und so wird das Swastika besonders auch bei Hochzeiten in Tibet ständig verwendet. Der Tibeter setzt es auch gleich mit seinem Lieblingsspruch „Tück khor" = „Alles fließt", womit es auch ein Symbol für das Leben selbst ist.

In Nepal gibt es seit 1991 demokratische Parteien, und es ist für unsere westlichen Gepflogenheiten ein bißchen kurios, daß eine stark linksorientierte Partei beim Wahlkampf 1994 gerade das Swastika als Kennzeichen gewählt hat – aber warum schließlich auch nicht?

Es ist das Verdienst Meister Friedensreich Hundertwassers, daß er bei der von ihm gestalteten Kirche in Bärnbach, beim „Pfad der Religionen", auf einem Torbogen auf das Swastika für den asiatischen Bereich nicht vergessen hat.

Größing – der grüne Lebensbaum in Südtibet und in der Steiermark

„Weihnachtsgrößing" in der nordwestlichen Obersteiermark

In der Weihnachtszeit fallen im Ennstal, aber auch im oberen Liesingtal vor den Bauerngehöften aufgestellte oder am Zaun befestigte Fichtenbäume auf, die an der Spitze mit bunten Bändern oder Flitterwerk geschmückt sind.

Dabei handelt es sich nicht etwa um einen außerhalb des Hauses aufgestellten Christbaum, sondern um einen sehr alten Brauch, der auf jene Zeit zurückgeht, wo der Christbaum längst noch nicht Eingang in die Bauernhäuser gefunden hat.

Beim Bergbauern Jansenberger, vulgo Beisteiner, im obersten Liesinggraben bei Wald am Schoberpaß, steht auch heute noch ein solcher „Weihnachtsgrößing". Das Ehepaar Jansenberger schildert den auf ihrem Hof schon seit Generationen geübten Brauch folgend:„Am 24. Dezember wird der neue Größing aufgestellt. Eine gut sechs Meter hohe Fichte wird in ein schon ständig bestehendes Erdloch eingegraben und ihre Spitze mit bunten Bändern (ähnlich dem Bäumchen bei einem Richtfest) geschmückt. Geschah während des abgelaufenen Jahres in der Familie ein Todesfall, dann werden keine bunten, sondern schwarze Bänder aufgehängt. (Hier ergibt sich die Parallele zum Aufkränzen der Kühe beim Almabtrieb, wo nach einem Todesfall die Kühe auch mit schwarzen oder violetten Bändern geschmückt werden.) Hat während des abgelaufenen Jahres aus der Familie aber jemand geheiratet, dann wird an der Spitze – oberhalb der bunten oder schwarzen Bänder – ein Myrtenkranz angebracht. – Der Größing wird sodann am

„Weihnachtsgrößing" im Ennstal

Karsamstag vor Sonnenaufgang in etwa Mannshöhe umgeschnitten, in den verbleibenden Stumpf wird ein Loch gebohrt und in dieses nun der extra abgesägte, geschmückte Wipfel des Baumes eingepaßt. – So verbleibt während des gesamten Jahres ein verkürzter Größing bis zum nächsten Weihnachtsfest stehen und gibt Auskunft über Freud und Leid im abgelaufenen Jahr."

„Lebensbaum" im Süd-Himalaya

Der „Lebensbaum" auch bei den Bergvölkern des Himalaya

Als vielgestaltiges Zeichen des Lebens und der Hoffnung spielt ein junges Nadelholzbäumchen auch bei den Bergvölkern des Himalaya immer wieder eine Rolle. Ein schönes Beispiel haben wir in

Malana im Indischen Himalaya, an der Grenze zum tibetischen Spiti erlebt:

Beim größten jährlichen Fest wird die Gottheit Dschamlu vom Priester ideell „herbeibeschworen". Zu diesem Zweck wird an einem bestimmten Punkt des Festplatzes ein Scheiterhaufen errichtet und in seine Mitte ein Nadelholzbäumchen gestellt, das ringsum von aufgeschichteten Holzscheitern umgeben ist. Die Scheiter werden feierlich entzündet und erst, wenn der Holzstoß und auch der „Größing" verbrannt sind, ist der Ort soweit gereinigt, daß der Priester einen Kreis um die Feuerstelle ziehen kann und Gott Dschamlu nun exakt hier einziehen und dem Fest präsidieren wird.

Ziegenbock und Widder: die heiligen Opfertiere

Widderopfer in Osttirol und Oberkärnten

Die symbolische Opferung eines Schafbockes findet heute noch zu Ostern in den Osttiroler Gemeinden Virgen, Prägraten, Kals, Matrei, Zedlach und in den beiden Kärntner Ortschaften Oetting und Stranach statt.

Diese „Widderprozessionen" gehen auf ein Pestgelübde aus dem 17. Jahrhundert zurück.

Ein fehlerloser, weißer, etwa zwei Jahre alter Widder wird schon ein Jahr vorher ausgesucht und sodann besonders gut versorgt.

Widderprozession in Virgen (Osttirol)

Am Tag vor der Prozession wird der Widder gebadet und gekämmt und am nächsten Morgen festlich geschmückt. – In der Kirche wird er zuerst um den Altar geführt und verbleibt dann während der Messe in der Nähe eines Seitenaltars. – Nach der Messe wird er im Freien öffentlich versteigert, und der Erlös kommt der Kirche zugute. – In alten Zeiten wurde der Widder als Opfergabe natürlich geschlachtet.

Der „Sündenbock" im Rinderstall

Der Schafbock, besonders aber der Ziegenbock, gelten bei unseren Bauern heute noch als Tiere, die Krankheit und Unheil auf sich ziehen. – Ein besonders schönes Beispiel liefert der Ziegenbock, der in der Rindermastprüfanstalt in Kalsdorf bei Ilz in der Oststeiermark bis vor kurzem noch gehalten wurde:

1983 wurde der Ziegenbock vom damaligen Tierzuchtdirektor der Landwirtschaftskammer aus privaten Mitteln angekauft und der Anstalt übergeben. Immer wieder traten nämlich Seuchen unter den rund hundert Mastrindern auf, denen die Tierärzte nicht ganz Herr werden konnten. Durch die Anwesenheit des Bockes im Stall sind dann die Krankheiten angeblich ausgeblieben.

„Sündenbock" im Rinderstall

Aber auch auf vielen Almen wird heute noch ein Ziegenbock inmitten einer Rinderherde gehalten, „um Unreim von den Tieren abzuhalten", wie Seuchen und Unglück von den Almleuten oft genannt werden.

Vom Hunzaland, im äußersten Westen des Himalaya, bis nach Westtibet gelten Ziegenbock und Schafbock als besonders heilige Tiere. Noch heute ist es in diesen Ländern üblich, die Götter mit Blutopfern dieser Tiere gnädig zu stimmen. – Wenn der Schamanenpriester mit den Göttern in Kontakt treten will, wenn eine beschwerliche Reise angetreten oder ein Haus gebaut wird, aber auch vor dem gefährlichen Polospiel wird Blut geopfert.

Der Schamane trinkt das frische Blut

Wie wir erstmals einen Schamanenauftritt in Hunza erlebten: Ein weißgekleideter jüngerer Mann mit weichen, schwermütigen Zügen und blasser Gesichtsfarbe zieht seinen roten Mantel an, um die bösen Geister fernzuhalten. Die sechs Musikanten beginnen auf ihren Trommeln, Handpauken und Klarinetten mit den eigentümlichen Riten, die nur beim Schamanentanz erklingen.

Der Schamane bekommt ein Tablett mit glühenden Holzkohlen gereicht. Auf sie werden Wacholderzweige und das getrocknete Kraut der Steppenraute geworfen. Gierig atmet er den Rauch dieser drogenhältigen Pflanzen ein. Ja, man muß ihn zurückhalten, daß er nicht hineinbeißt.

Unglaublich rasch gerät er in ekstatische Verzückung. Das Einatmen des Rauches und die Musik lösen bei ihm Ekstase-Mechanismen aus, denen er sich willenlos überlassen kann.

Mit schnellen Sprungschritten, Augen und Hände zum Himmel erhoben, beginnt er den Tanzplatz mit flatternden Händen zu umrunden. Immer schneller werden seine Tanzposen und sein Gesicht beginnt sich zu verzerren. Immer wieder peitschen ihn die Rhythmen zu raschen Umrundungen des Festplatzes auf.

Hunza-Schamane mit abgeschlagenem Ziegenkopf

Einem bereitgehaltenen Ziegenbock wird mit schnellem Hieb der Kopf abgeschlagen und das bluttriefende Haupt dem Schamanen gereicht. Rasch reißt er den Ziegenkopf an sich und – weiterhin mit schnellen Schritten den Platz umtanzend – trinkt er gierig das Blut. Dann hält er das Ziegenhaupt weit von sich und umtanzt mit blutverschmiertem Gesicht den Platz.

Die Musik wird immer schneller und noch wilder die Tanzsprünge. – Und nun kommt der entscheidende Moment: Mehrmals kauert er

„Ziegenopfer" bei Polospiel im Himalaya

sich vor den beiden Trommeln, von Krämpfen geschüttelt, nieder und schluchzt und stöhnt seine Weissagungen in die Trommeln hinein, wie wenn er sich von einer argen Last befreien müßte.

Ziegenblut schützt Spieler und Pferde beim Polospiel

Im Hunzaland wird heute noch – auch bei rein sportlichen Polospielen – eine Ziege geschlachtet, um bei diesem gefährlichen Sport Unheil abzuwenden.

Vor dem Spielbeginn wird ein Ziegenbock herbeigebracht, dem der Kopf rasch und schmerzlos abgetrennt wird. Alle Spieler treten herbei und tauchen ihre Schläger in das frische Blut. Dann geht, von einer speziellen Musikkapelle begleitet, das wilde Spiel los. – In Hunza und im benachbarten Hindukusch-Gebiet (dem westlichsten Ausläufer des Himalaya) wird Polo noch sehr urtümlich gespielt; vor allem mit viel längerer Spielzeit als in der westlichen Welt.

Je sechs Reiter treiben den Ball über den Rasen, rempeln einander und versuchen den Gegner vom Pferd zu stoßen. – Im Himalaya hat das Spiel noch immer kultischen Hintergrund: „Der Ball ist der Schädel des Bösen", sagen die Leute, „und muß ständig über den Platz gejagt werden". – „Durch das neunte Tor, das eine Mannschaft zuerst erzielt, besiegt sie für alle Bewohner des Tales die teuflischen Mächte!" – Die Verlierer eines Polospieles müssen zu einem Bankett einladen, das wieder mit einem Ziegenopfer verbunden ist; früher soll es gelegentlich den Führer der unterlegenen Mannschaft sogar Kopf und Kragen gekostet haben…

„Sündenböcke" im Himalaya

Schon im Alten Testament gab es den „Asasel", den „Sündenbock", der die ganze jährliche Sündenlast einer Stadt auf sich nehmen mußte und in die Wüste hinausgetrieben wurde.

In Malana, einem entlegenen Dorf des indischen Himalaya, direkt an der Grenze zum tibetischen Spiti, wird auch heute noch eine bestimmte ausgewählte Person, die jedes Jahr wechselt, zum Sündenbock. Sie muß an einem bestimmten Festtag die Mißgeschicke des ganzen Dorfes auf sich ziehen.

Wir waren zum Ende der Monsunzeit in diesem interessanten Bergdorf, das sich ganz eigentümliche Sitten und sogar eine gewisse Unabhängigkeit von der indischen Hoheitsverwaltung bewahrt hat. Es waren die Festtage zur Anrufung der einzigen Gottheit „Dschamlu", die vom Schamamenpriester „herbeigefleht" wird.

Am Abend vor Beginn der Festwoche hörten wir ziemlichen Lärm und sahen, wie an die zweihundert Dorfbewohner einen in Lumpen gekleideten Mann mit Gejohle vor sich hertrieben. Schließlich drängten sie ihn in eine Scheune und wir sahen, daß sie ihn mit

Getreidekörnern bewarfen. Mehrere Jugendliche und Frauen hoben aber auch Dreckpatzen auf und warfen sie auf den „Delinquenten". Er kauerte sich zusammen, um möglichst wenig Schaden abzubekommen.

Nach geraumer Zeit drängten sich zwei Dorfvorsteher durch die Menge und geboten den Leuten, vom Mann abzulassen. Sie schrieen den symbolischen „Sündenbock" an, aufzustehen und aus ihren Gesten war zu erkennen, daß sie ihn aus dem Dorf wiesen. Wieder wurde er von einer grölenden Menge bedrängt, bis er nun im Laufschritt, begleitet von einigen Steinwürfen, bergauf im Hochwald verschwand…

Der Steinbock war allen Bergbewohnern heilig

Kaum ein anderes Tier der Bergwelt Europas und Asiens war den Menschen – bei uns bis ins vorige Jahrhundert, im Himalaya noch heute – so heilig wie der Steinbock. Das mächtige Gehörn galt bei uns als Sitz besonderer Kraft und wurde zum Schutzmittel gegen böse Mächte. Ja man nahm sogar an, Gefäße aus Steinbockgehörn könnten Gifte unschädlich machen. Das Horn wurde auch zu Amuletten verarbeitet und als Griff für Messer mit Abwehrzeichen, die sogenannten „Drudenmesser", verwendet. Alle möglichen Innereien des Steinbocks wurden gegen die verschiedensten Krankheiten verwendet. Als besonders wirkungsvoll galten die „Herzknöchelchen" (eine Verknöcherung in der Scheidewand zwischen den Herzkammern) als Amulett, und Ringe aus den Steinbockklauen halfen gegen Schwindel und Altersschwäche in den österreichischen und bayerischen Alpen.

„Steinbock-Altar" im Südhimalaya

Auf völlig idente Art wird der Steinbock in Südtibet und vor allem in Hunza sowie in den Tälern rund um den Nanga Parbat verehrt. Er lebt für die Hunzaleute im Bereich der Firn- und Gletscherflanken, im Bereich des Unerreichbaren, des Göttlichen und Heiligen.

Jedes Emporsteigen in die Berge zur Jagd auf den Steinbock ist daher ein Eindringen in eine geheiligte Sphäre, und so muß der Jäger bestimmte Rituale beachten.

Nur der „reine" Jäger hat Jagdglück

Wir waren wieder einmal in unserem geliebten Hunzaland eingetroffen, um nicht nur die prachtvolle Himalayalandschaft, sondern auch Sitte und Brauchtum kennenzulernen. Unser Freund, Dolmetscher und Führer, Sarbaz Khan, empfing uns wohl freudig, bedeutete aber, daß er uns erst in drei Tagen zur Verfügung stünde; er müsse morgen auf die Steinbockjagd.

4000 Jahre alte Felszeichnung im Industal

Er meinte: „Ich komme mit zu Eurem Quartier und werde mich dort auf die Jagd vorbereiten, denn heute darf ich unter keinen Umständen mit meiner Frau zusammen sein. Die Peris, die Feen des Hochgebirges, würden eifersüchtig sein und mir Unglück bringen, wenn ich mich nicht an dieses Reinheitsgebot halte. Außerdem muß ich mich heute noch sorgfältig waschen und darf auch keine Rindermilch trinken, denn auch die ist den Peris verhaßt. Ihr könnt mir am Abend zusehen, wie ich mein Gewehr besonders präpariere."

Es war schon dunkel geworden, als er im Garten unseres Gästehauses mit ein paar Holzprügeln ein Feuer entfachte. Als es zur Glut hinuntergebrannt war, legte er mitgebrachte Wacholderzweige darauf und hielt längere Zeit den Lauf seiner Büchse in den Rauch. So wurde auch das Gewehr „rein".

Wir saßen noch länger in der milden Frühherbstnacht draußen, aber Sarbaz verabschiedete sich bald, denn er müsse vor dem Morgengrauen, ehe er in Richtung Rakaposhi aufsteige, den Peris auch ein spezielles Opfer in Form von Broten bringen, die in Butterschmalz getaucht seien.

Räuchern mit Wacholder

In den Alpenländern hat der Wacholder im Volksglauben und in der Volksmedizin einen hohen Stellenwert. Schon sein Duft, der durch einen hohen Anteil an ätherischen Ölen ausgelöst wird, vermag auch

Räuchern in der Silvesternacht

bei uns westlichen Menschen eine feierliche Stimmung, ähnlich dem Weihrauch, zu erzeugen.

So findet der Wacholder auch bei den Bergbauern Verwendung beim „Rachn"; beim Ausräuchern von Haus und Stall in den Rauhnächten, besonders aber am Heiligen Abend oder in der Silvesternacht. Aber auch gegen drohende Gewitter wird geräuchert.

Der Wacholder hat nämlich eine Schadzauber abwehrende Kraft. Auch der Rührstössel des Butterfasses wurde in manchen Teilen der Obersteiermark aus dem „Zauberholz" Wacholder gefertigt, damit alles Böse bei dieser wichtigen Tätigkeit ferngehalten wird.

Besonders geschätzt wurde der Wacholder, der im Volksmund auch „Kranabett" heißt, in der Pestzeit, wo man meinte, die Seuche durch das Essen von Wacholderbeeren vertreiben zu können.

Noch heute sagen alte Bauern: „Vorm Holunder soll man den Hut ziehen, vor dem Wacholder aber die Knie beugen!"

Der Wacholder ist im Himalaya jener Strauch, bzw. jene Baumart, die am höchsten hinauf gedeiht – noch in Höhen von 4.500 Metern. Vielleicht gilt bei den dortigen Bergvölkern der Baumwacholder deswegen als der Begriff „ungezähmter Heiligkeit", weil er schon fast in der Region der Götter wächst.

Narkotische Kräfte des Wacholders

Alle Bergvölker wissen aber auch schon seit uralten Zeiten, daß der Wacholder narkotische Kräfte enthält: Wir haben in Nordnepal und Südtibet schon oft Leute gesehen, die sich mit einem Weidenästlein das Zahnfleisch massierten. In Hunza, an den Ausläufern des Westhimalaya, bemerkten wir häufig, wie Männer aus einem Ledersäckchen ein graues Pulver entnahmen und in das Zahnfleisch einmassierten. Wir dachten zuerst, dies sei so wie das Weidenzweiglein eine Art Zahnbürstenersatz. Eigentümlicherweise wurden sie danach immer äußerst lebhaft und zu Späßen aufgelegt. Unser Hunzafreund klärte die Sache aber damit auf, daß es Wacholderasche sei und man eine gewisse berauschende Wirkung nach der Massage verspüre.

Tägliches Opferfeuer

Eine große Rolle spielt im gesamten tibetischen Kulturkreis, von Ladakh über Tibet bis Bhutan, das tägliche Entzünden eines Wacholderfeuers im Opferofen, der faktisch bei jedem Haus, häufig in doppelter Anordnung (z. B. links und rechts des Einganges zum Gehöft) zu finden ist. Selbstverständlich stehen solche Opferöfen auch im Hof jedes tibetischen Tempels.

Nähert man sich einem tibetischen Gehöft schon am frühen Morgen, dann verspürt man meist nur noch in der Nase etwas vom angenehmen Wacholder-Rauch und sieht allenfalls noch die letzten Reste glimmender Zweiglein im Ofen, denn das Rauchopfer wird gleich nach dem Morgengrauen begangen, wonach sofort anschließend die Wasserschälchen am Hausaltar frisch gefüllt werden.

Tibetischer Schamane beim Räuchern

Das Verbrennen von Wacholderzweigen spielt beim Ritual des tibetischen Orakelpriesters eine ganz besondere Rolle. Auch er atmet in seiner schamanenähnlichen Funktion gierig den Wacholder-Rauch ein, um rascher in Trance zu kommen. Am Vorplatz des Nechung-Klosters bei Lhasa, dem jüngst wieder recht gut renovierten Sitz des ehemaligen tibetischen Staatsorakels, stehen zwei besonders große Opferöfen, welche die Bedeutung dieser Zusammenhänge demonstrieren und symbolisieren.

Bei einigen Bergstämmen im Indischen Himalaya, wie etwa in Malana im Kulutal, wird beim alljährlichen Fest zu Ehren der Hauptgottheit, vom Schamanenpriester jener Bezirk am Festplatz, an dem sich die Gottheit symbolisch einfinden wird, mit einem Gefäß abgezirkelt. In ihm befindet sich brennender Wacholder. Nun ist der Platz rein geworden und die Gottheit kann sich einfinden. Der Tanz des Schamanen mit der Feuerpfanne, auf der Wacholder verglimmt, versetzt eine riesige Zuschauermenge in festliche Verzückung.

Amulette, Talismane und Verwünschungen – Schutz gegen Böses

Man braucht die Tibeter nicht allein des Aberglaubens zichtigen; auch bei uns in den Alpenländern tragen die Menschen heute noch Amulette und vor allem Talismane: „Hilft es nicht, so schadet es nichts!"

So weit gehen unsere bäuerlichen Fuhrwerker etwa mit Pferden bei der Waldarbeit nicht mehr, daß sie den Tieren Amulette am Hals befestigen. – Wir haben das aber in Tibet mehrmals gesehen:

Wir waren in Südtibet zum Kailash, dem „heiligsten Berg der Welt", unterwegs. Tagelang fährt man hiebei von Lhasa in westlicher Richtung über die Hochflächen des Tschangtang. Die Weiten des „Steppenozeans" gleiten förmlich an einem vorbei. Tagelang sieht man nur vereinzelte Nomadenzelte und trifft keinen Menschen. Nordöstlich des Kailash stößt man dann überraschend auf einen alten Karawanen- und Handelsplatz, den Ort Gheze, der nur im Sommer Leben in seinen Lehmmauern beherbergt. Hierher kommen die Nomaden in vielen Tagesmärschen, um die gesamte „Ernte" des Jahres, nämlich Yak- und Schafwolle, zu verkaufen.

Wir schoben einen Rasttag ein, um das interessante Treiben in Ruhe beobachten zu können: Schon weit von der Ferne sahen wir eine beladene Yakkarawane nach der anderen, fast aus allen Himmelsrichtungen, herankommen. Das Leittier war meist mit bunten Wollfäden an Ohren und Schwanz geschmückt.

Wir nahmen die riesigen Wollpacken und ihre Befestigung auf Tragsätteln näher in Augenschein, sahen aber auch bei jedem Tier ausnahmslos um den Hals oder am Nacken ein in Stoff gewickeltes, etwa handgroßes, mit Fäden umwickeltes Päckchen an geflochtener Lederschnur befestigt.

Als wir uns so interessiert zeigten, deuteten die Tibeter auf ihren eigenen Hals, wo jeder ein Amulettpäckchen oder -kästchen trägt. Etwas später konnten wir dann bei einem Händler sogar so ein schon halbzerfetztes Amulett erstehen und seinen Inhalt untersuchen, es waren Papierrollen mit dem Mantraspruch „Om mani padme hum" drinnen – also tatsächlich ein echtes Amulett.

Den wichtigsten Schutz gegen böse Geister stellen in Tibet Amulette dar. Meist sind es Papierstreifen, auf die ein Gebet oder ein Zauberspruch geschrieben oder gedruckt ist. Diese Papierstückchen sind kunstvoll gefaltet und versiegelt und werden dann mit Fäden verschiedener Farbe umwickelt, wobei bestimmte Muster entstehen.

Andere Amulette können aus getrockneten Pflanzen, aber auch aus Perlen bestehen, die von einem besonders dafür berühmten Lamapriester gesegnet worden sind.

Die meisten Amulette werden in besonderen Behältern getragen. Die kleinen um den Hals bzw. auf der Brust, größere an der Hüfte oder sogar wie ein kleiner Rucksack am Rücken.

Das alpenländische „Gstrapulier"

Im Geheimen werden auch bei uns in der Steiermark und anderswo in den Alpen noch Amulette getragen. Sie hießen früher „Gstrapulier" und wurden ständig am Leib getragen. Im bekannten Tiroler Lied vom Kasermandl heißt es: „Die Hex kriagt die in die Kralln, wennst net unterm Leibl a Gstrapulierl tragst!"

In der Steiermark trug man in den Pestzeiten das Zacharias- und später dann das Andreaskreuz zum Schutz gegen die Seuche. Heute noch wird dort und da der „Benedictuspfennig" Säuglingen gegen das „Verschreien" in die Wiege gelegt.

Eine bemerkenswerte Parallele zwischen dem heutigen Tibet und den Gebräuchen in den Alpenländern im vorigen Jahrhundert besteht in der Verwünschung und in der Übertragung von Krankheiten auf andere Menschen, um die eigene Krankheit loszuwerden: Man mußte sich in den Besitz von Haaren oder Fingernägeln der Person setzen, der man seine eigene Krankheit übertragen wollte. Haare und Nägel mußten dann heimlich unter der Türschwelle oder in der Nähe des Aufenthaltsortes des zu Schädigenden eingegraben werden.

Man konnte aber bei uns – in Tibet wird es heute noch so geübt – sich ohne Schädigung einer anderen Person von einer Krankheit befreien: Dazu mußte man ein bestimmtes Amulett (zum Beispiel die Roßkastanie gegen Gicht oder Walnüsse gegen Hirnleiden) einfach in fließendes Wasser werfen. Dabei mußte man das Amulett über die linke Achsel werfen und ohne sich umzusehen fortgehen…

Der Zirkelschlag auf Trambäumen im Himalaya und in den Alpen

Auf Trambäumen, Wiegen, Truhen, Kästen und Türen in Bauernhäusern findet man das Zirkelschlagmotiv sehr oft. Meist in Kerbschnitt-Technik ausgeführt. Häufig in sechs gleiche Abschnitte geteilt und an jeder Teilstelle angesetzte neuerliche Zirkelschläge ergeben dann einen Sechsstern.

Besonders im südwestlichen Himalaya und im westlich anschließenden Hindukusch findet sich als Zierelement auf Holzbauten, aber auch auf Holzgefäßen, die Ornamentik des Zirkelschlages in vielerlei Variationen. Alle erinnern sie sofort an ähnlichen Zierat bei uns in den Alpen, wie z. B. auf Stuben-Trambäumen in Kerbschnitzereien oder als Malerei auf Schränken und Spanschachteln. Im Indischen Himalaya sind häufig die Außenfassaden der Wohnhäuser, besonders aber auch der Tempel, mit ganzen Reihen solcher „Muster" abwechselnd mit Menschen und Tierfiguren in Kerbschnitzerei ausgeführt.

Steirischer Trambaum

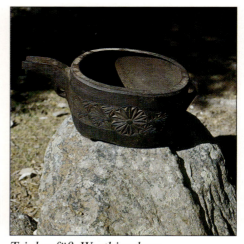

Trinkgefäß, Westhimalaya

Sehr schöne Zirkelschlagfiguren findet man auch bei den Kalash-Kafiren im Westhimalaya, direkt an der afghanischen Grenze. Dort sind oft die Vorderfronten der Häuser, aber auch Holzgefäße sehr ansprechend mit Zirkelschlag-Ornamenten verziert.

Alpenländischer und tibetischer Schmuckbaum

Der Maibaum soll Glück und Segen bringen. Traditionell wird er von den Ästen und dem Großteil der Rinde gesäubert. Nur der Wipfel, das eigentliche Heilszeichen des Maibaumes, bleibt bestehen. Er wird mit bunten Bändern und Blumen geschmückt. Im bajuwarischen Bereich kommen traditionell noch verschiedene Wahrzeichen, wie Nachbildungen von Feld- oder Zunftgeräten, Wappen, Fähnlein und diverse, meist paarweise Figuren dazu.

In den letzten Jahrzehnten hat es sich an einigen Plätzen im Alpenbereich eingebürgert, sozusagen „ständige Maibäume" aufzustellen. Sie sind besonders sorgfältig mit reichem Zierat und Figuren geschmückt und bilden oft das Wahrzeichen des Ortes, so wie z. B. im steiermärkischen Städtchen Kindberg.

Bei einem Aufenthalt im Kulutal, im Indischen Himalaya, stießen wir auf ein ähnliches Gebilde, das uns spontan an den Kindberger Schmuckbaum erinnerte:

Man hatte uns in Kulu vom „Blitztempel" („Bijli Mahadev") erzählt, dessen Besuch den dreistündigen Aufstieg dorthin wert wäre. Nach zwei anstrengenden Fahrtagen nahmen wir gerne die Gelegenheit wahr, um uns ordentlich die Beine zu vertreten:

Der Fußpfad zog sich durch die terrassierten Hänge schräg aufwärts. Auf den Feldern wuchsen Reis und höher oben Weizen, Gerste, Buchweizen und Mais. Wir waren auf dem Höhenrücken unterwegs, der das Beas-Tal vom Parbati-Tal trennt. – Erst die letzten 300 Höhenmeter blieben die landwirtschaftlichen Kulturflächen zurück und wir betraten die geschlossene Waldzone mit Pinien und prachtvollen Zedern. Eine Affenherde turnte durch das Gehölz, und dann traten wir plötzlich hinaus auf ein schon vor alten Zeiten gerodetes, ebenes Almplateau.

„Schmuckbaum" (Kindberg, Steiermark)

Hier stand er nun, der „Blitztempel", der seinen Namen daher bekommen hat, weil der daneben stehende hölzerne Mast fast jedes Jahr vom Blitz getroffen wird. Der Tempel war mit einem wenig ge-

Tibetischer Schmuckbaum (Südhimalaya)

neigten, mit Steinplatten gedeckten Satteldach ausgestattet. Flankiert war er von halblebensgroßen, aus Stein gemeißelten Nandis, den stierähnlichen Reittieren des Gottes Shiva.

Was uns aber besonders faszinierte, waren die an Säulen angebrachten Holzschnitzereien beiderseits des Eingangsportales. Bunt bemalt und paarweise angeordnet, erinnerten sie uns sofort an den Schmuckbaum von Kindberg. (Das Kuriose an den Figuren war auch, daß es ein Pärchen von Männern mit Schlapphüten gab, wie sie in der Gegend völlig unbekannt sind, allerdings im benachbarten Tibet vorkommen.)

Butterrühren auf alpenländisch und tibetisch

Butter wird wohl schon seit der Jungsteinzeit, als Rinder, Schafe und Ziegen gezähmt wurden, in Eurasien hergestellt. – Man war bald dahintergekommen, daß die fetten Bestandteile der Milch ein besonderes Nahrungs- und Genußmittel sind, das man auch längere Zeit aufbewahren kann.

Eine der ältesten Vorrichtungen, schon seit alten Zeiten im Alpenland bekannt, ist das Stoßbutterfaß. Bis vor wenigen Jahrzehnten war es noch auf allen Almen im österreichisch-bayerischen Raum zu finden. Später wurde es durch den Rührkübel verdrängt, bei dem das Prinzip der gelochten Brettchen dasselbe war, bloß daß gleich mehrere im Kübel gleichzeitig und kraftsparend durch eine Handkurbel gedreht wurden. Gewiefte Bauern versetzten schließlich das ganze Butterfäßchen in eine exzentrische Drehung, was z.B. mittels Wasserkraft leicht möglich war. – Heute haben Motoren alle diese Vorrichtungen verdrängt.

Bei den Tibetern wird die Butter heute noch auf zwei Arten hergestellt: Durch Schwenken der Milch in einem zusammengenähten Schaf- oder Ziegenfell (die Haare nach innen!) oder in einem stehenden Holzfäßchen. In letzterem wird die Milch mit einem Stößel, an dem unten ein gelochtes Brettchen angebracht ist, in Vertikalbewegung verarbeitet. Die alpenländischen Bauern nennen so eine Vorrichtung „Stoßbutterfaß".

Wir hatten in Tibet bei den seßhaften Bauern jahrelang nur das Schwenkfell gesehen. Längliche Holzfäßchen mit Stössel stehen in jeder tibetischen Küche, sie werden aber nur zum innigen Vermischen des Tees mit der Butter zum klassischen „Buttertee" verwendet.

Butterrühren (Steiermark)

Dann hatten wir aber in der Nordostecke Tibets, in der ehemaligen Provinz Amdo, nahe am großen Steppensee Kuku Noor, häufig Kontakt mit Nomaden:

Jeder Fremde ist im schwarzen Nomadenzelt, das aus selbstgewebten Yakhaaren hergestellt wird, gern gesehener Gast. Man hockt sich neben der Lehmofenfeuerstelle oder dem eisernen Dreifuß auf grobe Schafwollteppiche. Bei den Ngolog-Nomaden z. B. bringt der Hausherr nun ein buntlackiertes Kästchen. Es birgt drei Fächer. Eines enthält Butter, das andere Tsampa (geschrotete, getrocknete Gerste) und das dritte selbsthergestelltes, luftgetrocknetes Milchpulver.

Daraus formt er eine Ehrenspeise, nämlich „Tsampaknödel". Dazu gibt es gesalzenen Buttertee, der eigentlich wie eine Suppe schmeckt. – Waren die Finger des Hausherrn anfänglich schwarz, so sind am Ende des Knetvorganges die Knödel schwarz und die Finger sauber.

Dennoch darf die Gastfreundschaft nicht verletzt werden und so bleibt nicht anderes übrig, als wenigstens ein Stück der etwa semmelknödelgroßen Masse zu essen. Sie schmeckte uns mit geschlossenen Augen gar nicht so schlecht und erinnerte an ungezuckertes Marzipan. – Nach Vorzeigen von Fotos unserer Kinder und nach Überreichung eines Dalai Lama-Bildes schieden wir als Freunde.

Vor dem Zelt war gerade eine der Töchter in ihrer schmucken Tracht beim Buttern. – Siehe da, sie verwendete ein Stoßbutterfaß, das haargenau gleich wie unsere alpenländischen konstruiert war. Auch äußerlich war es zum Verwechseln ähnlich!

Ob es auch hier einen Austausch zwischen Fernost und Europa gegeben hat oder ob die Natur die Menschen dasselbe zweckmäßige Gerät hat erfinden lassen?

„Tibeterin beim Butterrühren"

Tibetischer Kho und steirische Lederhose mit langer Unterhose

Das kleine tibetische Königreich Bhutan, zwischen Nepal und Indisch Assam gelegen, gewährt seit Anfang der achtziger Jahre Touristen den Zutritt ins Land.

Für uns Liebhaber der tibetischen Kultur war es interessant, die kleinen Unterschiede zum Kernland Tibet festzuhalten. Im religiösen Bereich war alles sehr ähnlich: Die selben, besonders verehrten Gottheiten, die Ausstattung der Tempel, die unzähligen Gebetsfahnen auf den Dächern der Häuser und den Hügeln…

Frei sichtbare lange Unterhose (Bhutan)

Lederhose mit langer Unterhose (Steiermark)

Bhutan liegt aber an der Südabdachung des Himalaya und da ist das Klima etwas wärmer und auch niederschlagsreicher als in Tibet. So sind die Häuser anders gebaut, andere Gerätschaften für die Landwirtschaft sind in Verwendung, vor allem aber bei der männlichen Kleidung sprang uns ein Unterschied gewaltig ins Auge:

Die Männer tragen ausnahmslos einen kurzen Kittel, ähnlich einem Schottenrock, der die Knie freiläßt. Das wäre an sich nicht so verwunderlich, aber es werden alpenländisch anmutende Kniestrümpfe dazu getragen. Und – das war für uns wirklich ein Spaß: Wenn es kalt ist, tragen die Bhutanesen lange Unterhosen, die sie in die Strümpfe hineinstecken. Gleich wie es bei Holzknechten und Jägern früher (und gelegentlich auch noch heute) im steirischen

Oberland Brauch war. Früher besaß man bei uns oft nur eine kurze Lederhose, und im Winter wurden eben lange Unterhosen in die wollenen Kniestrümpfe hineingesteckt.

Im Gebiet von Hieflau und Großreifling durften sonntags übrigens seinerzeit nur weiße Unterhosen getragen werden. Bei den Jägern war es werktags Sitte, braune und bei den Holzknechten blaue Barchentunterhosen zu verwenden. – Auch Kaiser Franz Josef hatte im geliebten, aber im Sommer oft kühlen Salzkammergut kurze Lederhosen mit weißer Unterhose getragen – das ist auf Fotos dokumentiert.

„Gamsbärte" im Himalaya

In den Österreichischen Alpenländern ist der Gamsbart am Hut gleichzeitig Jagdtrophäe und Schmuck. Es gibt übrigens auch Dachs- und Hirschbärte. Sie alle stammen von den Rückenhaaren (Rückengrannen) der Wildtiere.

Die Gemsen waren und sind für den Älpler – so wie z. B. den Hunzaleuten der Steinbock – selbst heute noch ein wenig geheim-

„Gamsbärte" (Indischer Himalaya)

nisumwittert. Die Tiere leben in der dem Menschen eher feindlich gesinnten rauhen Bergwelt, wohin in früheren Jahrhunderten nur die ganz Wagemutigen vordrangen. So ist es nicht verwunderlich, daß man viele ihre Eigenschaften sich selbst aneignen wollte. So wurden manche Teile des erlegten Körpers sofort verspeist und andere als eine Art Amulett verarbeitet, wozu eigentlich auch der Gamsbart gehört. – Uns ist übrigens ein Obermurtaler Jäger bekannt, der immer ein paar Schluck vom frischen Blut („Schweiß") der erlegten Gams trinkt.

Malana, die kleine „Bauernrepublik der Unberührbaren" im Indischen Himalaya, direkt an der Grenze zum tibetischen Spiti, hatte uns wieder einmal aufgenommen. Wir waren hier, um die nur einmal jährlich stattfindende Zeremonie zur Beschwörung ihrer einzigen Gottheit zu erleben. Mit seinem uralten Ritual war dieses Fest unglaublich mystisch und äußerst beeindruckend.

Am folgenden Tag ging aber dann der „fröhliche" Teil über die Bühne. Schon am Vormittag gaben junge Männer Tanzvorführungen zum besten. Zu unserer Überraschung trugen sie einen gamsbartähnlichen Schmuck am Turban – „Hut" hätten wir bald geschrieben…

Gleiche Badesitten in Karlbad an der Nockalmstraße und in Bhutan

Eine lustige Kulturparallele gibt es in Karlbad an der Nockalmstraße, am Fuß des Königstuhls: In diesem Bauernbad geschieht seit alten Zeiten dasselbe wie in Bhutan: Steine werden am offenen Feuer erhitzt, in blechbeschlagenen Holzwannen in das einfache, holzgezimmerte Badehaus (unsere Älpler sind nicht so abgehärtet wie die Bhutanesen) getragen und dort in hölzerne Badetröge geworfen.

Karlbad (Kärnten)

Über eine offene Holzleitung werden die Wannen von einer nahen Quelle gefüllt. Die Tröge werden gegen Wärmeverlust mit Brettchen abgedeckt, und sofort setzen sich die Badewilligen in das brusttiefe Wasser, so daß nur noch der Kopf herausschaut. Aus einem Krügel, das gleich neben dem Trog an der Wand hängt, trinkt

„Badewanne" in Bhutan

man von Zeit zu Zeit vom vorbeifließenden Wasser. Nach etwa 30 Minuten verläßt man die Wannen und kann sich im oberen Stockwerk auf Holzpritschen ausruhen. – Einheimische und alte Freunde von Karlbad schwören auf die gesundheitsfördernde Wirkung. Möglicherweise werden von den erhitzten Steinen Mineralstoffe an das Wasser abgegeben.

Wir kamen gerade vom Besuch des „Tigernestklosters" bei Paro in Bhutan zurück, als wir bei einem Bauernanwesen nahe der Hausquelle Dampfwolken aufsteigen sahen. Es war Ende März und ziemlich frisch. Wir wurden von einer lustigen Schar sofort mit Wasser bespritzt. Eine ältere Frau, offensichtlich die Großmutter, saß mit ihren beiden Enkelkindern in einer im Boden eingelassenen, mit Steinen ausgelegten, großen „Badewanne" und wusch die Kleinen mit einer riesenhaften – aber wohl weichen – Bürste ab.

Als es gar leicht zu schneien begann, griffen wir in das Wasser hinein und siehe da, es war mindestens 25 Grad warm. Das Rätsel der Wärmequelle war bald gelöst: Es erschien die Mutter der Kinder, entfachte mit vorbereitetem Holz ein gewaltiges Feuer, und die beiden Kinder griffen bis zum Boden des Steinbottichs hinunter und förderten etwa kopfgroße Steine zutage. Diese wurden noch tropfnaß auf den inzwischen glühenden Feuerstoß geworfen und erhitzt. Gleichzeitig wurde frisches Wasser über ein Holzrohr von der Quelle in den Bottich geleitet, der über einen Abfluß überlief.

Großmutter und Enkel verließen das Bad, und es wurden die Steine mit einer großen eisernen Zange in das zischende Wasser geworfen und erwärmten es rasch. Nun begab sich die Mutter ins Wasser – übrigens vollkommen unbekleidet; die Tibeter sind hier ganz unbefangen – , plätscherte umher und begann sich zu waschen…

Dazu muß aber auch festgestellt werden, daß sich die Tibeter, nördlich von Bhutan, fast überhaupt nicht waschen. Dies hat nichts mit prinzipieller Unhygiene zu tun, sondern das Klima ist so rauh und die durchschnittliche Seehöhe von 4000 m und darüber so brutal, daß es zwar im selben Moment in der Sonne sehr heiß sein, aber im eigenen Körperschatten nur wenige Plusgrade haben kann. Sonnenschein wechselt mit Regenschauern, Hagel und Schneestürmen innerhalb von 12 Stunden ab, und 8 Monate im Jahr hat es zumindest in der Nacht Minusgrade. – Unter diesen Umständen ist das Waschen tatsächlich eine gesundheitsbedrohende Sache und der Tibeter wäscht sich daher überhaupt nur das Gesicht – und das nicht immer; anders aber im tibetischen Bhutan…

Tirol

Holzschindelgedeckte und steinbeschwerte Dächer in Südtibet gleich wie im Alpenland

Überall dort, wo sich im Himalaya die Dörfer oder Einzelgehöfte im Bereich oder in der Nähe der Waldzone befinden, wird Holz als Baumaterial verwendet. Auch die Bedachung der Häuser geschieht dort meist mit Holz, es sei denn, in der Nähe wird spaltbares Schiefergestein gefunden, wobei dann die Häuser mit Schieferplatten eingedeckt sind, wie z. B. im Tessin in Europa oder in Teilen Nepals.

Südhimalaya

Als Bergsteiger fühlt man sich oft regelrecht in die Heimat versetzt, wenn man an der Südabdachung des Himalaya, vom tibetischen Bhutan bis Nepal und dem nordindischen Kulu, genau die gleiche Holzschindeldeckung mit daraufgelegten Steinrundlingen zum Beschweren der Dächer gegen Unwetter und Sturm sieht wie in Tirol, Salzburg oder im oberen Ennstal.

Der einzige Unterschied ist, daß im Himalaya keine Kamine eingebaut sind, sondern daß der Rauch durch die Lucken in den Dachsparren entweicht, wo auch Fleisch und gelegentlich Käse zum

Trocknen aufgehängt werden. – Es ist ein trauliches und hübsches Bild, wenn die von allen Dächern flatternden Gebetsfahnen geheimnisvoll in den Rauch des morgendlichen Herdfeuers gehüllt werden.

Besonders adrett und wirklich alpenländischen Häusern zum Verwechseln ähnlich, sehen die Häuser der Bhutanesen aus: Über dem weißgetünchten Mauersockel des Erdgeschoßes erheben sich hier oft zwei Stockwerke aus Blockholz gezimmert und nicht selten sind mehrere solcher Gebäude durch eine weißgetünchte Mauer umfriedet, die ebenso ein kleines, holzschindelgedecktes und steinbeschwertes Dach trägt.

Verblüffend ähnlich den bei uns vergleichbaren Bauten sind in Bhutan auch die mit Holzschindeln überdachten Brücken. Man hat – oft gleich wie bei uns in Tirol – nicht so sehr das Gefühl eines Zweckbaues, sondern vermeint hier eher den Ausdruck einer Gestaltungsfreude zu finden.

Ein „Baukultur-Austausch" zwischen Europa und Asien war sicher nicht notwendig, um die zum Verwechseln ähnlichen Bauformen entstehen zu lassen. Die natürlich vorkommenden Materialien haben die Bergbewohner hier und dort dieselben Dächer als zweckmäßigste Ausführung entwickeln lassen. Die Umwelt war der natürliche Lehrmeister.

Mit Holzschindeln überdachte Brücke (Tirol)

Mit Holzschindeln überdachte Brücke (Bhutan)

Bildstöcke mit Holzschindeldach – auch im Himalaya

In der Obersteiermark, besonders oft auch in Kärnten, trifft man auf gemauerte Bildstöcke, die ein spitzes, steil nach oben verlaufendes Holzdach haben. Hervorragend passen sie in die Gebirgslandschaft und leiten durch ihre Form zu den steilen Berggipfeln über. Die nach oben strebenden Bauformen drücken wohl auch die Anbetung „Dessen da droben" aus.

Bildstock in Oberkärnten

Sehr ähnliche Formen, nämlich steile, holzschindelgedeckte Dächer finden sich auf vielen kleinen Tempeln im Indischen Himalaya zwischen Kaschmir und Garhwal.

Südhimalaya

Das Alphorn und das tibetische Radong

Experten sagen uns, daß das Alphorn, ein Trompeteninstrument aus Holz, heute noch so gebaut wird wie vor undenklichen Zeiten. Schon der Schweizer Conrad Geßner gibt im Jahre 1555 seine Länge mit 3,5 Metern an, und daran hat sich bis heute nichts geändert. – Auch die tibetischen Radongs sind 3,5 Meter lang!

Es gibt allerdings sowohl in den Alpenländern als auch in Tibet Hörner mit 1,5, mit 2,5 oder 3 Meter Länge.

Die Bezeichnung „Wurzhorn" leitet sich davon ab, weil die Außenseite des Hornes mit Wurzeln oder auch mit einem Band aus feiner Birkenrinde umwunden war.

In alten Anleitungen zur Fertigung eines Alphornes heißt es: „Ein Alphorn ist aus zwei Teilen zusammengesetzt; den oberen bildet eine junge Tanne von ungefähr fünf Fuß Länge, welche nach dem unteren Ende hin breiter ausläuft und gewöhnlich mit einem Eisen hohl ausgebrannt oder auch ausgebohrt wird. Der untere Teil besteht aus einem zweiten Stück Tannenholz, das gekrümmt und becherartig erweitert ist und eine Länge von etwa anderthalb Fuß einnimmt."

„Zu Straßburg auf der Schanz" hört der Schweizer Soldat das Alphorn aus der Ferne und wird fahnenflüchtig:
>„… Der Hirtenbub ist doch nur schuld daran,
>Das Alphorn hat mir solches angetan…"

In der Steiermark hat das Wurzhornblasen in der Schladminger Gegend wohl seine älteste Tradition, und einzelne dieser Stücke werden noch heutzutage mehrstimmig „gejodelt" und heißen „Wuschzhorner" oder „Blaser".

Alphörner

Drei und vier Meter lang sind oft die aus Kupfer gefertigten Radongs, die Tuben der Tibeter, welche die Basis der orchestralen Musik im tibetischen Kulturkreis darstellen. Sie werden immer paarweise gespielt und abwechselnd geblasen, so daß der Ton des einen Instruments unmittelbar von dem anderen aufgenommen und fortgesetzt wird. Auf diese Weise entsteht ein ununterbrochenes auf- und abschwellendes Tönen, das in seiner alldurchdringenden Macht und Tiefe oft den Raum oder die Umgebung des Geschehens völlig ausfüllt. Die dann später in das musikalische Geschehen einfallenden Oboen und Klarinetten sind nichts anderes als die Wellen und Geschehnisse des Alltags.

Erhebende Stunden haben wir schon beim Klang der Radongs erlebt. Etwa beim Einleiten der großen Tanz-Mysterienspiele oder auch während der Prozession eines hohen tibetischen Würdenträgers, wenn die Radongs im Festzug mitgetragen und dabei auf den Schultern zweier vorausgehender Mönche abgestützt werden.

Tibetisches Radong

Unvergeßlich ist uns das „Abschiedsgeschenk" der Mönche vom Kloster Thame im Sherpaland geblieben, die uns länger als eine Stunde, solange sie uns beim Abstieg verfolgen konnten, mit dem machtvollen Auf- und Abschwellen der Töne, die mit der fantastischen Gletscherbergwelt rund um uns eine harmonische Einheit eingingen, talaus begleiteten...

Beim Paro-Fest in Bhutan waren die Radongs nicht aus Kupfer- sondern aus Silberblech gefertigt. – Interessant ist, daß die Abmaße im Vergleich zu unseren Alphörnern, die aus Holz hergestellt werden, fast bis auf den Zentimeter gleich sind.

Das Hackbrett im tibetischen Bhutan

Das Hackbrett, von dem oft angenommen wird, es sei ein rein alpenländisches Volksmusikinstrument, hat eine sehr reiche und bewegte Geschichte.

Nicht nur, daß es bei vielen Völkern und Kulturen von Nordamerika bis China und natürlich besonders in den Alpenländern bekannt ist – es ist auch ein sehr altes Instrument, das sogar in der klassischen Musik verwendet wird.

Die Anfänge und Urformen lassen sich bis in das dritte vorchristliche Jahrtausend zurückverfolgen, wobei angenommen werden darf, daß die Ursprünge dieses Instrumentes aus Vorderasien stammen.

Hackbrett, Steiermark

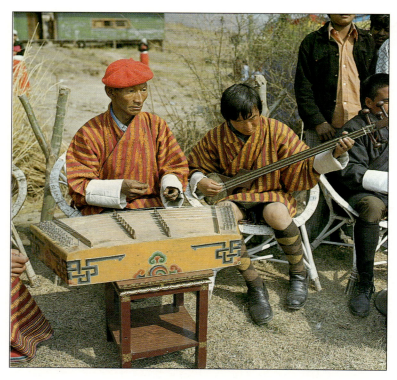

„Hackbrett", Bhutan

Von dort breitet sich das Hackbrett nicht nur in alle Gebiete der Alten Welt aus, sondern wir können es auch im tibetischen Kulturkreis in Bhutan finden.

Eine der ganz großen Überraschungen, schon am zweiten Tag unseres Bhutanaufenthalts, war eine Vorführung professioneller Tänzer, bei der die musikalische Begleitung aus einer Gitarre und einem – wir trauten unseren Augen wirklich kaum – „Hackbrett" bestand. Das Instrument hatte fast gleich viel Saiten wie die alpenländischen, war im Rahmen völlig gleich konstruiert, und auch die Hämmerchen waren gleich. – Hier erhebt sich besonders die Frage, ob es sich um das Produkt irgendeines Kulturaustausches handelt oder ob die beiden Instrumentarten unabhängig voneinander erfunden wurden.

Das Müsli hat sich in der Schweiz sowie in Tibet und Hunza parallel entwickelt

Vollwertprodukte – ballaststoffreiche Kost – Getreideschrot: Das sind heute allgemein anerkannte Ernährungsprinzipien – klassisch repräsentiert durch das „Müsli".

Der Schweizer Arzt Bircher-Benner hat das bei den Engadiner Bauern schon seit alter Zeit als gesunde Kost in Ehren gehaltene Müsli allgemein publik gemacht und als besonders wertvolle und gesunde Nahrung propagiert. Er stieß dann auch auf die von dem britischen Kolonialarzt McCarrison veröffentlichten Schriften über das Himalaya-Bergvolk der „Hunzukutz", die kaum eine Krankheit kennen und auch überdurchschnittlich alt werden. McCarrison hatte bereits erkannt, daß diese legendäre Gesundheit vor allem mit der richtigen Ernährung in Hunza in Zusammenhang steht.

Dr. Ralph Bircher, der Sohn Bircher-Benners, erforschte das „Müsli" der Hunzukutz näher und fand, daß es mit dem Schweizer „Berg-Müsli" fast ident sei.

Die Hunzukutz vermengen ihr Müsli oftmals mit Butter und nennen es dann „Scherbet", welches Gericht auch heute noch bei großen Festen in riesigen Kesseln gerührt wird und zur Verköstigung hunderter Menschen dient.

Übrigens ist auch das Hauptnahrungsmittel der normadisierenden Tibeter, das „Tsampa" – nämlich getrocknetes und geschrotetes Gerstenkorn – nichts anderes als ein echtes Müsli, wenngleich auch ohne Nüsse und getrocknete Früchte.

Das Gerstenkorn wird auf heißen Stein- oder Metallplatten getrocknet, also getoastet, wobei die Hülle leicht aufplatzt und der Mehlkörper völlig trocken wird. Anschließend wird geschrotet, also im

„Scherbet-Müsli" in Hunza

Mörser zerstoßen und das nun bereits fertige Tsampa in die atmungsaktiven Ledersäcke abgefüllt. Auf diese Weise vollkommen trocken aufbewahrt, hält sich Tsampa übers Jahr.

Auf Reisen trägt man einen kleinen Lederbeutel mit sich und hat damit auch schon für längere Zeit sein Hauptnahrungsmittel dabei.

Die viehzüchtenden Nomaden, welche selbst keinerlei Getreideprodukte herstellen können, tauschen in der Regel Wolle und ein bißchen Butter, die einzigen Produkte, die sie vermarkten, gegen Tsampa ein, das für sie lebensnotwendig ist.

„Die Ursache aller Krankheiten liegt bei den Säften"
(Große Änlichkeit der alten alpenländischen Volksmedizin mit der tibetischen Gesundheitslehre)

Nach der tibetischen medizinischen Lehre findet die Gesundheit, also das innere Gleichgewicht eines Körpers, seinen Ausdruck vor allem in der Harmonie der drei „Säfte": „Wind, Galle und Schleim".

Mit dem Begriff „Wind" sind beim Tibeter aber nicht nur die Atmung oder die Gase des Verdauungstraktes gemeint, sondern auch Streßkrankheiten und erhöhter Blutdruck zählen dazu.

Das, was der Tibeter unter „Galle" versteht, ist nicht nur die Sekretion der Leber, sondern auch der ganze Verdauungsstoffwechsel, die Lebensenergie schlechthin und die Körperwärme.

Das, was man mit „Schleim" meint, bezeichnet zunächst den Schleimhaushalt und die damit direkt zusammenhängenden Krankheiten, wie z. B. Asthma. Damit sind aber auch alle Infektionskrankheiten – im speziellen auch die Tuberkulose – gemeint.

Die Praxis der tibetischen Medizin setzt nun voraus, daß man weiß, wie dieses Säftegleichgewicht durch die Wahl der Nahrung, durch eine geeignete Umgebung, durch Kräuterarzneien und andere Behandlungsformen wiederhergestellt werden kann. Aber auch das persönliche Verhalten spielt eine Rolle: Zorn vermehrt die „Galle", Gierigkeit den „Wind". Jedem der drei Säfte sind aber auch eine Tageszeit, eine Jahreszeit und ein Lebensabschnitt zugeordnet, aber auch die verschiedenen menschlichen Körpertypen und die Charaktere.

So einfach die Säftelehre auf den ersten Blick erscheinen mag, so komplex ist sie tatsächlich: Selten hat eine gesundheitliche Störung mit nur einem der Säfte zu tun. Es heißt, ein tibetischer Arzt muß sieben Jahre lang studieren, bis er das alles überschaut.

In Tibet richtet sich also heute noch die medizinische Behandlung nach der Säftelehre; bei uns nicht mehr, aber interessanterweise war sie im vorigen Jahrhundert in der Volksmedizin und im medizinischen Aberglauben der Alpenländer noch stark verankert. – Auch hier hieß es: Der Urgrund aller Krankheiten liegt im „Blut", in der „Galle" und im „Schleim". Es ist verblüffend, daß sich das sehr wesentlich mit der tibetischen Medizin deckt, wo Galle und Schleim zu den drei Hauptübeln zählen und nur statt „Blut" der „Wind" angeführt wird.

Und auch unsere Vorfahren sagten, daß das Mischungsverhältnis der drei Säfte nicht nur für kurz andauernde Übelkeit, sondern auch für langjähriges Siechtum verantwortlich sei.

Fieber und Entzündung galt als „erhitztes Blut", Gicht und Rheuma wiederum waren Zeichen einer „verschossenen Galle". Besonders die Behandlung der Krankheiten bei unseren Altvorderen fußte auf der Theorie einer „Säftestörung": Mit einer Blutreinigungs- oder Schwitzkur, als einer Reinigung des Körpers von verdorbenen Schlacken, beginnt ja nach der Volksmeinung sogar heute noch jede „Haus-Heilmethode", immer in der Absicht, das „Krankheitsgift" aus dem Körper zu vertreiben. Auch der noch vor Jahrzehnten geübte Brauch, dem Arzt oder Heilbader ein Fläschen mit Urin des Patienten vorzuführen (man denke nur an den schon legendären „Höllerhansl" aus Rachling in der Weststeiermark) – weil daraus ja ein kluger Doktor alle Krankheiten zu erkennen vermag –, entspricht der Säftelehre. – Die Urindiagnose spielt heute noch in Tibet eine große Rolle!

Der steirische Kropf auch in Tibet

Keine Kulturparallele, aber ein schicksalhafte Gleichstellung beider Gebiete, nämlich des Hochlandes von Tibet und des Alpenlandes. Beide Gebiete liegen im Zentrum einer Landmasse, die relativ weit vom Meer entfernt ist, so daß seine jodhaltigen Regenwolken nicht bis an das Trinkwasser vordringen können. Auch eiszeitliche Erosionen und Bodenauslaugungen des Jods haben in beiden Bereichen eine Rolle gespielt.

Wenn man sie an einem besonderen Körpermerkmal verwechseln könnte, die „steirischen Tibetaner" oder die „tibetanischen Steirer", dann ist es bedauerlicherweise der Kropf.

Bei uns seit vielen Jahrzehnten durch amtlich jodiertes Kochsalz fast zum Verschwinden gebracht, trifft man zwischen Ladakh, Tibet und Bhutan immer wieder auf mächtige Kröpfe, die die Menschen allerdings mit beträchtlicher Würde zu tragen verstehen.

Im Hindukusch, in den Ausläufern des Westhimalaya, sollen noch im vorigen Jahrhundert die meisten Kröpfe der Welt gezählt worden sein. 30 Prozent der Bevölkerung seien mit Kröpfen behaftet gewesen. So gibt es aus der buddhistischen Ghandarakultur, die am Indus beheimatet war, sogar die Steinplastik eines Kropfträgers aus dem 2. Jhdt. n. Chr. Marco Polo berichtete im 13. Jahrhundert von auffallend vielen Kröpfen in Turkestan, was Sven Hedin 600 Jahre später bestätigte. In Osttibet soll der Kropf bei Frauen weitaus häufiger als bei Männern anzutreffen sein. – Die tibetischen Ärzte unterscheiden übrigens zwischen acht Arten von Kröpfen.

Vor allem wir Steirer leiden darunter, daß man uns die „Kropfaten" nennt. Ja, es wird sogar vom Kropf als dem zweiten steirischen

Landeswappen gewitzelt. Im Werk eines frühen Reiseschriftstellers wird überdies die höchst unwahrscheinliche Geschichte von einer steirischen Mutter berichtet, die ihren Kropf beim Stillen über die Schulter werfen mußte, damit der Säugling nicht behindert war.

In alten Zeiten, als der Jodmangel noch nicht als Ursache erkannt war, glaubte man den Grund für Kropfbildung im Tragen schwerer Lasten oder im heftigen Lachen gefunden zu haben; woraus sich der steirische Ausspruch „kropfat lachen" ableitet…

LITERATURVERZEICHNIS

Bhutan – Ladakh – Sikkim, Senft/Katschner, Stocker, 1979
Brauchtum in den Alpenländern, Kapfhammer, Callwey, 1977
Brauchtum in Österreich, Kaufmann, Zsolnay, 1982
Das Erbe Tibets, Lauf, Kümmerly und Frey, 1972
Die vergessene Bildsprache christlicher Kunst, Schmidt, Beck, 1982
Eine Ikonographie des tibetischen Buddhismus, Lauf, ADEVA, 1979
Geheimlehre tibetischer Totenbücher, Lauf, Aurum, 1977
Hunza, Senft, Stocker, 1986
Mystik und Kunst Alttibets, Olschak, Hallweg, 1972
Sitte und Brauch in Österreich, Geramb, Alpenlandb., 1987
Tantrische Kunst des Buddhismus, Uhlig, Ullstein, 1981
Tibet, Tucci, Oxford, 1967
Tibets Götter leben, Senft, Stocker, 1983
Unsere Almen, Senft, Stocker, 1986